はじめに

「なぜ、そんなことをする必要があるのか？」

私の提案に、居並ぶ僧侶たちは半ば唖然としていたに違いありません。

２０１２年春。浄土真宗本願寺派は大きな組織改革を行いました。会社組織にたとえれば、それまで本山本願寺（西本願寺）の東京支店的存在だった築地本願寺は、いわば東京本部もしくは子会社（直轄寺院）として位置づけられたのでした。約８００年の歴史を持つ浄土真宗。その宗教組織は変革の時期を迎えていました。

どんな企業も、時代の変化とともに変わらなければ生き残れません。それは寺院にしても同じことです。変わりゆく時代の中で仏教の教えという変わらない価値を伝えるには、その方法や手段も時代に合わせて変化する必要があり、さらには自らが変化していくことを恐れてはなりません。

事実、寺と人との関わりは大きく変化し、寺離れが進んでいます。都市部への人口集中、少子高齢化や核家族化、何よりも価値観の変化で、日本に７万７０００あると言われる寺（令和元年版文化庁『宗教年鑑』ベース）のおよそ３割が20年後にはなくなると予測されています。

「葬式仏教」と揶揄する言葉がありますが、特に首都圏など都市部では寺と人との接点は葬儀や墓参りだけ。それも形式的な付き合いとなり、檀家制度も消滅しつつあります。昨今は「葬式も墓もいらない」という人も出現し、その傾向は今後ますます増していくでしょう。

地方の小さな寺院はもとより歴史ある名刹とて、この流れから逃れることはできない……全国１万２０００寺院を束ねる浄土真宗本願寺派の宗務組織トップである橘正信総長（２０１２年当時）も、おそらくそう感じていたのだと思います。だからこそまったくの異分子である私を京都の西本願寺を本山とする浄土真宗本願寺派の議決機関である常務委員にし、さらには築地本願寺の〝社外取締役〟たる評議員に迎え入れたのでしょう。

銀行勤務を経て当時はコンサルティング会社を経営していた私は、50歳で僧籍を取得したとはいえ、僧侶たちから見ると「ビジネスの世界から突然やってきた理解不能な人物」だったでしょう。そして私にとっても宗教法人は「言葉の通じない異世界」であり完全なアウェーでした。

しかし〝社外取締役〟を引き受けたからには、自分の任務を果たすまでのことです。これまで経験してきたビジネスの視点で寺院を見れば、早急に改革すべき点は次々と見つかりました。見つかったら忌憚なく意見を述べるまでです。

「どう考えても寺は衰退産業です。その証拠に築地本願寺の参拝者数は減り続け、経常収支の赤字が出ている。すぐに対策を講じる必要があります」

ところが古参の僧侶たちは泰然と微笑むのです。

「築地本願寺創建以来、４００年もなんとかなってきたのですから大丈夫ですよ。赤字何億って安永さん、そもそもお寺は会社じゃありません」

「お寺も宗教法人で株式会社と同じ『コーポレーション』です。利益を株主に配当する代わりに社会に対して何らかの価値を還元するという意味で同じものです。『コーポレーション』である以上、どんな老舗だろうと倒産しないなんて話はあり得ませんよ。現状を分析して、マーケティングもしなければ、知名度が高く伝統のある築地本願寺であっても潰れます」

私があまりにも強硬に主張したためでしょう。「そこまで言うなら案を出してください」

となり、これを受けて築地本願寺にプロジェクトチームが結成されました。このプロジェクトチームには、築地本願寺の評議員であった私のほか、寺院のコンサルタント（井出悦郎氏）や、宗派研究機関の所長（丘山新氏）、また東京で活躍されているベテランの住職たちがメンバーとして加わっていました。さまざまな視点から議論を重ねて作成されたのが、向こう10年の首都圏における伝道推進のための事業計画を盛り込んだ答申書であり、人生のエンディングステージにおけるワンストップ拠点化をはじめとする「首都圏伝道推進基本計画」、つまり築地本願寺の経営大改革案です。10年間で40億円を投じて築地本願寺を大改革し、リブランディングしようというものでした。

浄土真宗本願寺派にとっての中枢であり京都宗派の執行機関である総局で私たちプロジェクトチームの提案は採択されたものの、そこで立ちはだかったのは「では、誰がやるのか？」という問題でした。

築地本願寺の古参の僧侶たちは「なぜ、そんなことをする必要があるのか？」と話を蒸し返し、危機感を持つ中堅の僧侶であっても「やるべきなのはわかったけれど、何をしたらいいのかわからない」と困惑しています。もちろん、プロジェクトに関わっていないので、得体の知れぬ落下傘がいきなり舞い降りてきたかのように受け止めたのでしょう。また、10年かかるプロジェクトなのに、若手職員のほとんどは寺に生まれて寺で育った跡継ぎたち。築地本願寺で働いていても数年から十数年経てば、自分の寺に戻って親の跡を継いで住職になる〝修行僧〟だったりします。そして全員に共通するのが「寺はビジネスの場ではない」という揺るがぬ固定観念です。

そこで決断したのが今の石上智康総長でした。

「私たちではどうしても伝統や基本に縛られる。外の世界を知っているあなたがつくったプロジェクトです。あなたがやってくれませんか」

こうして2015年7月、築地本願寺評議会の選挙を経て、私は築地本願寺の代表役員・宗務長に就任しました。コンサルティング会社の経営者から、築地本願寺という「老舗宗教法人の代表役員」、宗派を親会社とする直轄寺院たる「最大子会社の社長」に身を転じたのです。

寺院の伝統と僧侶という役割にとらわれた人たちにできないことを、ビジネスマン出身僧侶というよそ者がやるという、前代未聞の試みです。

私にとっても予想だにしなかった新たな挑戦が始まりました。

徹底した顧客主義に立ち、「開かれた寺にしよう」と考えた時、アイデアは次々と浮かんできました。プロジェクトチームで策定したものをさらにバージョンアップした「エンディングステージのワンストップ拠点化、そしてヴァーチャル・テンプル構想」です。

たとえば、人の誕生、成長、結婚など、人生に寄り添える寺となる提案をしていく。

あるいは暮らしの中で人々が気軽に足を運べる存在になる。

心の悩みや不安を抱えた人たちの心の拠りどころという、寺本来の役割を見つめ直す。

マーケティングをしてみると、構想を実現する方策もたくさんあります。

誰もが気軽に足を運べるように境内を改装し、カフェとインフォメーションセンターをつくる。

「死とは何か?」という人間の根源に関わる問いにも、日々の人間関係の悩みや不安にも、任意後見人の選任や、死後事務委任、遺言手続きなど終活に関わる実務的な疑問にも答えられるようなコンシェルジュ・サービスを提供する。

宗派を問わず、誰もが入れる合同墓のニーズは高いのではないか。葬儀だけでなく、お見合いや結婚式、人生相談やカウンセリングなどを寺でやってはどうか。

寺といえば寺子屋であり、21世紀にふさわしい新たな学びの場を提供できないか。

これらは、経営学者であるピーター・ドラッカーが言うところの「顧客創造」と「イノベーション」です。そして一時的に人を集めても意味はなく、顧客との関係が一生涯にわたって継続する仕組みをつくらなければなりません。

また、新たな構想を実現するには、電話やネットで対応できるコンタクトセンター、ＣＲＭ（顧客関係管理）システムの構築、職員のＭＢＯ（目標管理制度）の導入など、ビジネスの観点から言えば当たり前のことを取り入れ、組織が内側から変わることが不可欠です。しかし、寺は伝統という強固な岩盤の上に根付いた古い組織です。

「寺は会社じゃない。なぜ、そんなことをする必要があるのか？」

「ビジネスの世界と宗教の世界は違う」

「そもそもＣＲＭってなんですか？」

「顧客とは、参拝者をお客扱いにするのですか？」

これが寺の〝常識〟なのですから、学生時代から「なんでも見てやろう」という気持ちが強く、迷ったらまず「イエス」と言う私であってもまだ道半ば、試行錯誤と失敗の日々です。

それでも境内を大改装し、カフェTsumugiの「18品の朝ごはん」が「インスタ映え」

で大人気になるなどの話題性もあって、参拝者は１日平均４０００人から多い日で１万人を超えるなど急増しています。

新たに発足した会員制度「築地本願寺倶楽部」は現在会員数が２万４００人、２０２３年から24年にかけての親鸞聖人ご誕生８５０年・浄土真宗立教開宗８００年までには10万人を目指しています。

会員が生前に申し込み可能、永代使用冥《みょう》加《が》金《きん》が30万円からの「築地本願寺合同墓」は現在ご契約数が約１万人ですが、予約が殺到しています。

ペーパーレス化やフリーアドレス制、ノートパソコン１人１台の新たな寺内システムも動き出し、オンライン法要を始めるなど築地本願寺は確実に変わりはじめているのです。

コロナウイルス感染拡大で寺へ参拝することを回避されている参拝者向けにオンラインで法要を行ったり、ユーチューブで法話を聞けるようにしたりと、お寺のあり方を変化させています。

そこで本書では、築地本願寺という「古い枠組みにとらわれていた老舗寺院」が、どのようにリブランディングし、伝統を生かしながら変わろうとしているのか、その改革について具体的にご紹介したいと思います。ＶＵＣＡ（Volatility：変動性、Uncertainty：不確実性、Complexity：複雑性、Ambiguity：曖昧性）の時代、生き残りはお寺や僧侶だけでなく多くの企業とビジネスパーソンに共通する課題です。そのヒントとなれば、著者としてこれほどうれしいことはありません。

また、これからの日本人の心の拠りどころとはどんなものか、そこで寺が果たすべき役割とは何かについても、僧侶として私個人の意見を述べていきたいと思います。

※本書は浄土真宗本願寺派や築地本願寺の見解ではなく、安永雄彦個人の主観的意見を述べたものです。

はじめに……1

第1章 新たな時代に変わらない価値をつくる
――築地本願寺のサバイバル戦略 21

「家」の時代から「個」の時代へ……22
お寺と日本全体に共通する「少子高齢化」の危機……22
おひとりさま時代と「家」の崩壊……25
家や地域への帰属意識を持たない都会の人々……27
日本人とお寺の「つながり」が消える……29
「わが家の宗派がわからない」、崩壊しつつある檀家制度……29
一般葬が減少、家族葬や一日葬が増加……31
葬儀にお金をかけなくなっている……33

お寺の半分が年収３００万円以下……34

心の「拠りどころ」がない社会……36

お寺の〝経営破綻〟は時間の問題……36
「神様、仏様」と手を合わせる日本人はいない？……37

築地本願寺のサバイバル戦略……39

「伝統あるブランド」が「古びたブランド」になっていないか……39
宗教法人がアマゾンになる「ヴァーチャル・テンプル構想」……41
日本人は「無宗教」ではない……43
人々は「心の拠りどころ」を求めている……45

「イノベーションの歴史」を継承する……47

「このままでは築地本願寺は潰れてしまう」……47
親鸞聖人、蓮如上人から続くイノベーションの系譜……49
築地本願寺も変わらなければ生き残れない……52

第2章 開かれたお寺の「顧客創造」

第2章 開かれたお寺の「顧客創造」 55
――築地本願寺のリブランディング

築地本願寺、４００年後のリニューアルオープン …… 56
「顧客創造」の3つのステップ …… 56
「築地」の由来となった寺院の大改革 …… 59
「伝統」に覆い隠されたブランド …… 61

統一されたイメージでリブランディングする …… 63
お寺にも「デザイナー」が必要 …… 63
インスタ映えで大行列！「『寺と』カフェ」「18品の朝ごはん」 …… 67

お墓の悩みにお寺が「新しい答え」を出す …… 70
次の世代に面倒をかけたくないミドル・シニアたち …… 70
葬式は生きている人のための「儀式」 …… 72
ショッピングのついでに立ち寄れるお墓 …… 74

これからのお墓のかたちを提案する「築地本願寺合同墓」……75
西と東でこんなに違う！ 合同墓のマーケティング……75
宗派を問わずに「生前の意思」で受け付ける……78
お寺が顧客の人生に寄り添う……82
人生をサポートする「築地本願寺倶楽部」……82
従来のシニア層とのご縁も大切にする……86
お寺にも「宣伝」は欠かせない……88

第3章 お寺は「人生のコンシェルジュ」 ――顧客とつながるマーケティング 93

ご縁はつくって、つなげるもの……94
女性シンガーAIのデビュー20周年記念ライブを開催……94

パイプオルガンの無料コンサート …… 98
イベントで大切なのは「ご縁をつなぐこと」…… 99
顧客が「次に欲しいもの」を差し出すのがサービス …… 101

サテライトテンプルを銀座につくる …… 104

「プロダクトアウト」と「マーケットイン」が重なり合う …… 104
築地本願寺ＧＩＮＺＡサロンのオープン …… 106
サロンの僧侶が相談に応じる「よろず僧談」…… 109

21世紀の寺がコミュニティの中心になる …… 111

「僧侶への信頼」というブランド価値 …… 111
科学と仏教がタッグを組む――グリーフケアがスタート …… 114

エンディングステージのワンストップ拠点化を目指す …… 116

相談のハブになる「終活サポート」…… 116
損保や新聞社とのコラボで「終活サービス」を提供 …… 119

さまざまなかたちの「顧客創造」を目指す …… 121

ｅラーニングの寺子屋「お寺の学び舎《や》」…… 121

ＬＧＢＴカップルの仏前結婚式も大歓迎 …… 122

結婚相談所「築地の寺婚」で縁結びをお手伝い …… 124

「今」顧客に必要なことを提供する …… 126

緊急事態宣言下で生まれた「オンライン法要」…… 126

ユーチューブ法話で心のありようを説く …… 130

「危機に対するリテラシー」を培う …… 133

無限につながるヴァーチャル・テンプル構想 …… 137

仏壇がｉＰａｄになってもいい …… 137

世界のどこにいても築地本願寺にお参りできる …… 140

お寺がアマゾンのようになる日 …… 142

第4章 目標を共有できる仕組みをつくる

第4章 目標を共有できる仕組みをつくる 145
――人材マネジメントとリーダーシップ

築地本願寺のソフト改革 …… 146
改革案は易し、改革実行は難し …… 146
「大福帳経営のプロ」に、ビジネス用語は通じない？ …… 148
経営の共通言語をつくっていく …… 150
築地本願寺にはバランスシートがない？ …… 150
「現状維持」にもお金はかかる …… 153
「ビジネスマン僧侶」の力を借りる …… 155
民間企業の「当たり前」を取り入れる …… 156
顧客管理のデータベースは「住職の奥さん（坊守《ぼうもり》さん）」 …… 156
ＣＲＭ（顧客関係管理）のインフラを整備 …… 159

「僧侶という人材」のマネジメント …… 161

「僧侶に不満」を感じている人は28・8％ …… 161

閉鎖的な〝お寺チルドレン〟たち …… 163

ＭＢＯ（目標管理制度）の導入 …… 165

ビジョンや方向性を共有する …… 166

働く僧侶のための組織改革 …… 168

お寺の〝ブラック体質〟を改善する …… 168

「社外のＭＢＡ研修」「寺院内のミニＭＢＡ」でリーダーを育成 …… 170

世界に向けてお寺を開くための「外国人僧侶」 …… 171

キャッシュレス化 …… 173

第5章 なぜ働くのか、なぜ生きるのか　175

――ビジネスマン僧侶のキャリアのつくり方、考え方

その業界ごとの「言語」を学ぶ……176
キャリアが〝異色〟に変わる時……176
三和銀行で「関西ビジネスの合理性」を学ぶ……177
英国という「アウェー」でのサバイバル戦略……180
自腹を切って「仕事と自分」に投資する……183
人間の根源には「問い」がある……186
ケンブリッジで学んだ精神世界……186
バブル崩壊後の日本で「人はなんのために働くのか」……190
どんなキャリアでも無駄なことはない……193
47歳で出会った「通信制・僧侶養成講座」……193
社外取締役的な委員の1人に任命される……196

JR東日本で学んだ「やり遂げる意味」……198
築地本願寺にやってきた本当の理由……201
手に汗を握った「報恩講」……201
阿弥陀如来に「イエス」と言う……202
終章 なぜ「新たな時代」に仏教が必要なのか 205
——死を恐れず、「一日一生」を生きる
コロナ禍で改めて問われた「死生観」……206
今、ここにある現実の中でどう生きるのか……206
生と死は表裏一体のもの……208
死が怖くなくなる「不安のない生き方」とは？……210
死の間際まで「生」について語ったお釈迦様……210

「一日一生」で毎日を生ききる …… 212
「あと5年の生き方」を貫く …… 215
失業や収入減も恐れる必要はない …… 215

恐れと不安を和らげるために仏教はある …… 218

人が「ストーリー」を必要とする時 …… 218
親鸞聖人の教えを学べば不安や死にも向き合えるようになる …… 220
終末期の人々に寄り添い、支えるビハーラ僧 …… 222

科学と多様性の時代における「仏教」の役割 …… 225

価値の伝え方を時代に合わせて「意訳」する …… 225
「科学の世界」と「物語の世界」のダブルスタンダードがあってもいい …… 227
人は答えを探している …… 229
現世では惑いがあって当たり前 …… 232

おわりに …… 234

第1章

新たな時代に変わらない価値をつくる

——築地本願寺のサバイバル戦略

「家」の時代から「個」の時代へ

お寺と日本全体に共通する「少子高齢化」の危機

お寺での営みもビジネスと捉えるのなら、世の中の動きと無縁ではいられません。

そして私たちは今、想像もしなかった未来に足を踏み入れつつあります。

ビジネスの視点で打ち出した「築地本願寺のサバイバル戦略」について語る前に、今の仏教界と寺院の現実を簡単に説明しておきましょう。お寺がどれだけ危機的状況にあるのかをご理解いただくと同時に、その危機が日本のさまざまな業界が直面している危機と非常によく似ていることをお伝えできればと考えています。

少子高齢化の問題は誰もが知るところとなり、日本の社会も子どもが少ない、高齢者ばかりの世界にすでに変わっていることを、実感している人も多いはずです。

元気で長寿なシニアは多く、生涯現役を目指す人が増えているのは事実です。しかし永遠の命がない以上、高齢者もやがて生を終えます。

死にゆく数が増え、生まれる数が少なければ、人口が減少するのは自明の理です。日本の人口が右肩上がりに増えていたのは２０００年代までです。

国土交通省の「国土の長期展望」によれば、明治維新が起きた１８６８年、日本の人口は３３３０万人でした。第二次世界大戦によって一時的な減少はありましたが、高度経済成長の波に乗った日本の人口は、およそ１３０年の間、増え続けていたのです。

しかしピークを迎えた２００４年12月の１億２７８４万人を境に、人口は減少に転じます。２０３０年には１億１５２２万人、２０５０年には１億人を割り込んで９５１５万人になると推計されています。２１００年を迎える頃には、中位推計で４７７１万人と、現在の半分以下になってしまうかもしれません。

私たちは、いまだかつて経験したことのない急激な人口減にさらされます。高齢化率（65歳以上の人口が全人口に占める割合）も加速度を増し、２００４年の19・６％が２０３０年には31・８％になります。本書を執筆している２０２０年春の時点で、女性の２人に１人が50代以上となりました。

「高齢化社会だから、お寺は忙しくなりますね」

そんな声も聞かれますが、あまりに短期的な視点です。そして高齢者像も大きく変化しています。

「歳をとったらお寺に行ってお墓の準備をしたい」
「お参りと先祖供養が私の役割です」
そのような高齢者は年々、急減しています。

総務省による２０１６年度の「社会生活基本調査」によれば、70〜74歳の高齢者の余暇活動の第1位は「趣味・娯楽」。2位の「旅行・行楽」と3位の「スポーツ」はほぼ同数で、「学習・自己啓発・訓練」「ボランティア活動」と続きます（https：//www.tyojyu.or.jp/net/kenkou-tyoju/tyoju-shakai/koreisha-yokakatsudo-doko.html)。

これらはあくまで余暇の過ごし方であり、働く高齢者も珍しくありません。「70歳就業確保法案」が国会で可決され、定年70歳時代も始まりました。仕事に趣味に忙しいのが高齢者のリアルであり、「おじいちゃん、おばあちゃんはお寺へ行く」というイメージは地方でも薄れつつあります。

「確かにお寺に行く機会といえばお葬式、あとは法事とお墓参りの時くらい」

このように話す人もいますが、もしあなたもそうであれば、かなりお寺に縁があるほうで、実は少数派です。今後はお葬式、法事、お墓参りにも無縁となる人が増えていくでしょう。なぜなら、お葬式と法事とは「家」がある時代のものだからです。

おひとりさま時代と「家」の崩壊

お葬式もお墓も、亡くなった人のためのもののようでいて、実は残された人たちのためのものです。故人とご縁のあった人々が死を悼むセレモニーが葬儀ですが、中心となるのは家族です。故人の意向がさほど強くない場合、遺族を中心に行われる「家の儀式」ですし、それにつながる法事も然りです。そしてお墓とは、先祖代々「家の人々」が葬られる場所です。

「家」のありようも、大きく変わりました。

明治時代には父親が家族を統率するという家父長制度があったために、個人はあくまで「家」に属し、三世代同居も珍しいものではありませんでした。父系の先祖につながる「家」の継承は何よりも大切なことであり、葬儀もお墓も重要なものでした。

しかし、昭和の時代、第二次世界大戦後の戦後の時代になると核家族が誕生し、「家」とのつながりは薄れていきます。価値観が多様化し、「家のために結婚する」「子どもを産んで跡継ぎにする」と考える人も激減しました。それでもまだ家族は、「親子」という二つの世代の集まりだったのです。

ところがこれからは、世代間のつながりどころかパートナーとのつながりもない人が増えていきます。「家」が崩壊し、おひとりさま時代がやってくる、いいえ、もはや到来しています。２０１５年の国勢調査によれば、50歳の時点で結婚歴のない人（生涯未婚率）は男性の23・４％、女性の14・１％。男性の３人に１人、女性の５人に１人は結婚しない「おひとりさま」であり、結婚しない人たちの割合は、今後も緩やかに上昇していくと見られています。

同じく２０１５年の国勢調査によれば、１９７０年に1世帯あたり３・45人いた家族は、２０１５年には２・38人となっています。「両親に子どもが１人か２人」というのが平均的な昭和の核家族であるなら、子どもがいない人生を過ごす人が３割となるのが令和の時代です。

夫婦であっても子どもがいない、あるいは一人親と子どもの世帯も増加しています。単身者とその予備軍が6割います。こうした時代では、「家」を継ぐということは意味がなくなります。「〇〇家」を引き継いでいかねば、という意識や、先祖への義務感は、代々引き継がれる家業が隆盛である場合などを除いて、現代の人たちにとっては意味がないものになりつつあるのです。

「家」がないのなら、かつてとは葬儀や墓のありようが違ってくるのは自然なことでしょう。そして、それが伝統的な寺と家との関係である檀家制度の崩壊へと導かれるのは当然の成り行きなのです。

家や地域への帰属意識を持たない都会の人々

「家」への帰属意識が薄れ、子どもを持たない人やおひとりさまの増加で、血縁というつながりは弱くなっていきます。そして血縁とともにかつて人々の帰属意識の核を成していた地縁もまた薄らいでいます。

地方の過疎化が深刻な問題となり、都市部へと人口が集中しています。たとえば築地本願寺がある東京都中央区の人口は、２０１７年に15万人を超えました。これは55年ぶりのことで、それもわずか１年４カ月で１万人が増加しています。

２０１７年の「住民基本台帳人口移動報告」によれば、都道府県別転入超過数は東京都が第１位でおよそ７万５０００人。２位の埼玉、３位の千葉でも２万人に届かず、４位の神奈川は１万３０００人。どれだけ東京に人が集中しているかがわかります。

ただし、転入者が増えているのは主に東京圏です。それ以外だと愛知、大阪、福岡のみでそれぞれ増加数は1万人に満たず、あとの道府県では転出者が増えています。つまり人が減っているのです。政治や経済の機能、人、モノ、金、情報、サービス、娯楽。すべては東京圏に集中し、人はそこへ向かって流れ込む。

進学、就職をきっかけに地方から東京圏へと転出した人々は、働いている現役時代はもちろん、老後も出身地には帰らない。地方の過疎化は医療崩壊やサービスの低下を伴うために、「今さら帰りたくない」のです。コロナの影響で、2020年7月は東京圏からの転出超過になったことがニュースになりました。働き方に関しては、テレワークが普及していますが、都市集中の流れを根本的に変えることは容易ではありません。

こうして故郷は消え、かつてあった地縁もなくなっていきます。新しく居を構えた東京圏で新たな地縁ができるかといえば、そうとも言えません。近隣に住む人たちとも深くは関わらず互いに干渉しないのがマナーとされ、ライフスタイルもさまざまです。『たまたま同じ地域に住んでいる人たち』がつながりを築く」ということが難しくなっています。

家にも地域にも属さない。「個」として生きる、帰属意識を持たない人々が多数派となる時代がやってくる日は、そう遠くなさそうです。

日本人とお寺の「つながり」が消える

「わが家の宗派がわからない」、崩壊しつつある檀家制度

──老親が亡くなり、悲しむ間もなく慌てて葬儀を行わなければならない。さあ、どうしよう？　葬儀社は病院から紹介してもらったものの、担当者にいきなり「そちらさまの御宗派は」と問われて返答に詰まる。神道でもキリスト教でもなし、たぶんうちは仏教だと思うけれど、何宗なのか？　棺の中にいる親に聞くわけにもいかず、さて、困ってしまった……。

こんな話は特に珍しいことではありません。

「浄土真宗です」というようにすっと答えられなくても、「うちのお墓は父の田舎の富山の光明寺です」とわかれば宗派もわかります。しかし、「お墓は遠方にある」「家から行きやすい霊園にお墓を買った」などの理由で、先祖のお墓の場所を知らない人もいるでしょう。

家の宗派というのは、簡単に言うと「どのお寺の檀家になっているか？」です。

檀家制度とは江戸時代にできたものです。徳川幕府によるキリスト教排斥の一環として、「すべての人は檀家として寺院に所属しなければならない」という寺請制度が生まれました。寺請制度のもと、人々は自分が檀家になっている寺院にお布施を納め、寺院は檀家たちの管理を行いました。

法要や葬儀を執り行うのはもちろんですが、家ごとの死亡や誕生の記録、転出入の確認など、今の戸籍のような「宗門人別帳」をつくり、市役所のような行政も担っていたのです。

明治時代になると寺請制度は廃止されて戸籍制度が誕生しましたが、人々は寺院にお布施を納め、寺院は檀家の法要や葬儀を執り行うという関係は継承されました。それが今日まで続いている檀家制度です。

しかし「続いている」とは言いがたい現状があります。

「一般社団法人お寺の未来」による２０１６年の調査によると、「あなたは特定のお寺の檀家ですか？」と問われた時、「檀家である」と答えた人が29％に対して、「檀家ではない」と答えた人は54％と半数以上います（「わからない」が17％）。

この傾向は都市部ほど顕著です。檀家だという認識が一番高い山陰地方だと「檀家である」と答えた人が54％なのに対し、首都圏は24％となっています。

一般葬が減少、家族葬や一日葬が増加

現代の日本において、お寺と人々のつながりが一番強くなるタイミングはお葬式でしょう。しかしそのお葬式も変容を遂げています。

「どこの檀家かわからない」とは、縁があるお寺がないということ。そうなると「葬儀屋さんのパッケージでセットになっているお坊さんにお経をあげてもらう」という選択肢が出てきます。

それは「お葬式にはお経がつきもの」だからで、宗教的な意味はありません。たとえて言うなら飲み会に乾杯はつきものでも、その飲み物はビールでもウーロン茶でもかまわないという感覚に近いものかもしれません。

一般にお葬式とは、家族のほか地縁・知縁のあった人々が集い、「通夜・葬儀〝告別式〟」の2日間で死者を送り出す儀式が行われるものです。これを「一般葬」と言いますが、通夜にも葬儀にもそれぞれに宗教的な意味があります。たとえば築地本願寺の浄土真宗本願

寺派だと「人は皆、死後は極楽浄土に新たに生まれてそこで仏様に成らせていただけるのだから、浄土でまた会える」という考えがあるので、葬儀はあくまでも儀式であり、追善供養とか告別式という言葉は使いません。

葬儀の意味は、「生」にとらわれ、死の現実から目を逸らせがちな私たちに、亡き人も含めて一つのけじめとして死を受け入れさせ、一歩前に進む契機を与えてくれることにあります。したがって、葬儀とは、亡き人の命を死で終わらせるのではなく、普遍的な価値を持って関わり続ける存在であると私たちが受け止めていく儀式と言えます。

ところが「お葬式セット」でお坊さんに来てもらった場合、儀式についての宗教的意味は存在しません。「どんなお経か、死装束はどうするか、塩を撒くか撒かないか」などという一連のプロトコルの基準となる宗派のルールがないなら、資本主義社会の基準――すなわち「お金と時間」に則ることになります。

２０００年頃から増え始めた「家族葬」は30％。これは「身内だけで小規模に見送りたい」という人々の価値観の変化を映し出しています。逆に「一般葬」は減少の傾向にあり、２０１２年の52％が２０１４年には42％と、年率マイナス10％。近畿、北海道、中部、関東では一般葬が50％を切っています。特に関東では一般葬34％、家族葬32％と拮抗しています（出典：『月刊仏事』２０１３年２月号、２０１５年２月号）。

それだけではありません。通夜と告別式をまとめて行う「一日葬」、通夜と〝告別式〟は省略して火葬によって葬儀とする「直葬」も増加傾向に。特に関東は直葬が22％にも上るのです。初七日や四十九日もまとめて葬儀の際に行う「繰り上げ法要」も珍しいものではありません。

葬儀にお金をかけなくなっている

一日で一気に法要を執り行うというのは、「忙しい中、何度も集まるのは大変だから」という時間的な都合もありますが、費用の節約という理由も大きいと考えられます。

お寺でも葬儀会場でも何度も使用すればそれだけお金はかかります。「お葬式は儀礼的なものだ」と考える人が多いなら、そこにコストをかけようとは思わないでしょう。葬儀社の経営状況も厳しいものです。経済産業省の「特定サービス産業実態調査」によれば、葬儀社の冠婚葬祭業務年間売上高は、年率マイナス14％です。

結婚式と同じくお葬式が〝地味〟になっているのは、お金の使い方の多様化という理由もあります。そして「お金がない」という理由もあるでしょう。

日本の純金融資産の80％以上は、60歳以上の世代が保有していると言われています。勤労者の平均所得は1997年をピークに下がり続け、「底を打った」と言われたリーマンショックから若干回復傾向にありますが、あくまで微増です。

2020年のコロナ禍の影響ははかり知れません。お寺に集まって行う葬儀、各種の法要、集会などは当面三密を避ける意味から難しくなります。また、「月忌参り」（毎月、各家の先祖の命日に家庭を訪れて僧侶がお経をあげる法要、関西地方では一般的で寺院の重要な収入源）は、これをきっかけにしてなくなっていく可能性があります。

「大切な人を送り出すのだから伝統的な葬儀を執り行いたい」と考えたとしても、経済的に難しいという現実もあるのです。

時間とお金を節約するという効率主義と同様、「人間は生きているうちが花。死んだらそれでおしまい」という考え方が、特に都会人の間で急速に増えています。そうなれば「葬式もお墓もいらない」となっていくでしょう。

お寺の半分が年収300万円以下

経済的な面で考えると、お寺も安穏としてはいられません。「坊主丸儲け」という皮肉が通用したのは過去のことです。日本のお寺の数はおよそ7万7000と言われていますが、今後20年で30％は消滅するとも言われています。

その要因はこれまで述べてきた三点に集約されます。

第一に人口の減少。人を相手にする〝ビジネス〟で、人口減の影響を受けないものはありません。

第二に核家族化。お寺の収入源である法要、葬儀が減っていけばそのぶん収入は減ります。

第三の檀家制度の崩壊は、お寺の主な収入源であるお布施や葬儀がなくなることを意味します。お寺によっては学校法人や病院をつくったり、住職が教員や公務員といった他の仕事を持ちながらお勤めをしたりと、収入源を確保する工夫をしています。前者については規模も大きく、うまくいっているところもありますが、ごく少数です。

私たち浄土真宗本願寺派が2015年に行った調査によれば、年収1000万円を超える寺院はおよそ20％。45％のお寺は年収300万円未満、なのです。過疎地では年収50万円を切るお寺も出てきました。若い人は仕事を求めて町へ出て行き、過疎の村には高齢者がわずかに残るばかり。村そのものが消滅の危機にあるのですから、お寺も同じ運命を辿ることは明らかです。

心の「拠りどころ」がない社会

お寺の〝経営破綻〟は時間の問題

「過疎地の寺院とは違う。うちの寺は門徒数も多いし伝統と歴史がある」

このように考えている都市部の寺院もあり、かつて築地本願寺もその一つでした。

しかし、「はじめに」で述べたとおり、社外取締役として私が関わるようになった2012年時点で、築地本願寺の一般会計ではすでに毎年億単位の赤字が出ていました。その赤字をどう補填してきたかといえば、これまでの積立金を取り崩したり、門徒からの懇志《こんし》(浄土真宗本願寺派には目的によって、お布施、懇志《こんし》、冥加金の3種類の〝お布施〟があります)によってですが、檀家制度が崩壊し、実際に門徒数は減り続けているのですから、先細りになることは目に見えています。

浄土真宗本願寺派だけでも半分の寺院はきちんと財務諸表をつくれば債務超過で破綻していることが予想できますし、実際に住職が教員をしたり他の職業と兼職して寺に資金注入したりしてなんとか赤字を補填している状況です。〝本願寺派直轄寺院でグループ内でも最大の子会社〟である築地本願寺が唯一の例外となるはずもなく、系列の寺院同様に消滅する可能性は大きいのです。

「葬儀は必要だが、宗教性の必要は感じていない」という人も多く、「あまり必要でない」という人が48％、「必要でない」という人が19％もいます（出典：お寺の未来総合研究所「葬儀・お墓に関する生活者の意識調査」［２０１８年9月実施］）。仏壇、数珠など宗教用具小売の売り上げは１９９４年から２０１４年までの20年間で半分以下に減少しています（出典：経済産業省「商業統計」）。

「神様、仏様」と手を合わせる日本人は少ない？

ここまでビジネスの視点からお寺の危機的状況を述べてきましたが、問題は経済的なことだけではありません。もっと根源的な問題は、人々の宗教離れです。

宗教は古来、人々の心の拠りどころという役割を果たしてきました。現在も宗教が人々の精神的な指針となっているイスラム教国やキリスト教国があります。

ところが日本ではおよそ70％の人が「宗教を信じていない」と答えています（出典：統計数理研究所「国民性の研究 第13次全国調査　２０１３年全国調査」）。

宗教団体についていえば、組織としての信頼度は最下位です。信頼されている組織の第１位は病院、第２位は僅差で新聞社となっており、それぞれ約88％。ところが「宗教団体を信頼している」という人はわずか14・５％で、ブービー賞の国会議員34・８％の半分以下と、悲惨な数字になっています（出典：石井研士「日本人はどれくらい宗教団体を信頼しているのか―宗教団体に関する世論調査から―」『東洋学術研究』第49巻第２号〔東洋哲学研究所、２０１０年〕）。

１９９５年に起きたオウム真理教による地下鉄サリン事件などの影響があり、「宗教団体は怪しい」というある種のアレルギーを持つ人が多いのも日本の特徴です。

では組織を離れて「寺院・僧侶への期待」はどうかといえば、これも残念なデータがあります。「とても期待している」という人は５％、「比較的期待している」という人も18％にとどまっています。逆に「あまり期待していない」「全く期待していない」という人を合わせると36％になります（出典：お寺の未来総合研究所「寺院・僧侶に関する生活者の意識調査」〔２０１６年12月実施〕）。

先が見えない不安に駆られた時、古の人々は神や仏に助けを求めました。しかし21世紀の今、誰も正解がわからない手探り状態に立たされたとしても、「神様、仏様」と手を合わせる日本人は少ない。それが現実なのです。

築地本願寺のサバイバル戦略

「伝統あるブランド」が「古びたブランド」になっていないか

築地本願寺は東京メトロ日比谷線の築地駅に直結しており、銀座からも徒歩10分足らずという抜群のロケーションです。さらに４００年の歴史を誇り、私たちが行った「２０１８年築地本願寺に関する調査」（調査の対象は首都圏に住む各年齢層別３０００人対象のインターネット調査）によれば、認知度は89％と非常に高い。誤解を恐れずに言えば「ブランド寺」です。

しかし、いかにブランド寺とて時代の流れには勝てず、年間億単位の赤字を出し、参拝者は減少し続けています。また、同じ調査では訪問経験率は48％と認知度に比べて低く、好感度も62％と認知度に比べ低くなっています。

築地本願寺は有名なのに、足を運ぶ人は少なく、好感度も低い――これでは〝伝統あるブランド〟ではなく〝古びたブランド〟です。「ブランド力こそあるが、魅力のあるコンテンツをつくっていかなければ衰退していく」。これが突きつけられた現実でした。

ビジネスの世界でよく言われていることですが、老舗が老舗として残ってきたのは時代に合わせてイノベーションを起こしてきたからです。

たとえばエルメスは馬具から服飾品を扱うようになり、カルティエは王室御用達の宝石商から一般の人にも手の届く贅沢品を扱うようになり、それぞれ時代の波を越えました。最近の日本だと、写真フィルムのトップメーカーからヘルスケア事業に大きく方向転換した富士フイルムの例があります（米国の名門フィルムメーカー、コダックは方向転換に失敗し倒産しています）。

エルメスや富士フイルムの場合は扱う「品」を変えるやり方であり、カルティエの場合、品はそのままに「扱い方」や「顧客」を変えるやり方です。

そしてメーカーでない寺院が扱うものは「品」ではない。広義で「サービス」（ちなみに英語のServiceの語源は奉仕、兵役、宗教儀式のことです）と言っていいのかもしれませんが、言うまでもなく宗教法人とサービス産業とは大きく異なります。

では、どうやってイノベーションを起こせばいいのでしょう？

宗教法人がアマゾンになる「ヴァーチャル・テンプル構想」

伝統あるブランドが古びたブランドとなったら消滅してしまう。それを阻止するためにプロジェクトチームが始動したわけですが、私の中にはもともと「ヴァーチャル・テンプル構想」がありました。ヒントの一つはアマゾン・ドット・コムです。

アマゾンは「何でも揃っている、いつでも注文できる、すぐに届く」という利便性から絶大な信頼を勝ち得て、世界のＥＣコマースどころか小売と流通の覇者となりました。私もしばしば利用していますが、「お店はどこにあるんだろう？」と考えたことはありません。今の時代、場所はもはや問題ではない。むしろ場所は足かせにもなります。

寺院に当てはめて考えれば、都会人は都会のお寺に帰属意識を感じていません。築地本願寺の好感度は都内に限った寺社ベストテンのランキングをすれば第9位という残念な結果で、長い年月、近くに存在していても、一般の人々との関係は深まっていないのです。これは都会人に檀家制度がそぐわなくなった影響が大きいと思いますが、人々が檀家としてお寺とつながりを持っている地方にしても、過疎化でお寺自体が消えつつあるという現状があります。場所にとらわれることが、もはや時代に合わないのかもしれません。

「必要なものが確実に揃っていて、いつでもアクセスできて、すぐに届く」

この3つを可能にするのは、アマゾンが場所に依存していないからです。そしてこの3つを消費者に約束することで、アマゾンはヴァーチャル・ストアでありながら、消費者から絶大な信頼を得ている……それならば、築地本願寺も「ヴァーチャル・テンプル」（スマート・テンプル）になればいい。

ウェブを寺院運営に組み込めば、いつでもどこからでもアクセスできます。「求めているもの」が確実に揃っているようにするには、人々のニーズを知り、しっかりと提供しなければいけないでしょう。

アマゾンの場合、人々が「求めているもの」は基本的にモノです。しかし人々がお寺に求めるものは「モノ」ではありません。それならば、いっそう場所にも流通にも頼らず、何でも揃えてすぐに届けることは可能なのではないか。奇しくもアマゾンがさらに拡大する鍵がサブスクリプションという「実体を持たないモノ」にあると言われています。ヴァーチャル・テンプル、ここに築地本願寺がブランドとして生き残るヒントがあるのではないか……。

寺院は、江戸時代にはいわば役所として行政を担い、寺子屋をつくって教育をし、医療機関でもあり、もともとコミュニティの中心でした。住職は、人々の尊敬を集める知識人で悩み事相談に答える心の拠りどころでもありました。そのポテンシャルを21世紀にふさわしいかたちで蘇らせることこそ、築地本願寺のサバイバル戦略であり、ブランド化して生き残る唯一の方法に思えました。

日本人は「無宗教」ではない

ビジネスの世界で生きてきた私は、消えていく会社も多く見てきました。必要がないものは消えるしかない。シンプルで残酷な現実です。

「お寺は科学の世の中にもはや必要がない」という意見もあるかもしれませんし、現実に寺離れが進んでいることは、ここまで書いてきたとおりです。しかし、私はお寺のニーズは決して消えていない、それどころか今後ますます大きくなると分析しています。

日本人は宗教組織を信頼しておらず、寺院・僧侶にも期待していないというデータをご紹介しましたが、「宗教そのもの」を拒絶しているわけではありません。

「宗教を信じている人」と「信じていない人」の割合はおよそ3：7で信じていない人

が多い。これは事実ですが、数字は1958年からほぼ同じ。つまり戦後の高度成長期から現在まで宗教離れが起きているわけではないということです。そして「信じている人」は60年近く変わらず3割います。

また、日本人の多くが信仰について聞かれると「私は無宗教です」と答えますが、日本人の宗教の定義はグローバルスタンダードと異なります。私は銀行に勤めていた時代、英国のロンドン支店に4年間いましたが、異動にあたっての海外赴任前研修では、こう指導されました。

『部下でも取引先でも現地の人と話す際は、間違っても『無宗教です』なんて口にしないことです。宗教心がないと公言するのは、『私は倫理観が一切なく、人殺しも平気な人間です』と言っているのと同じですからね。I'm a buddhist. と答えてください」

つまり世界における宗教心とは、多くの日本人が当たり前に心に宿しているものなのです。その証拠に「宗教心は大切なものである」と答える人は2013年の調査では70％もいます。調査開始時の1983年には80％でしたが、1988年からはほぼ横ばいとなっています（出典：統計数理研究所「国民性の研究 第13次全国調査　2013年全国調査」）。

人々は「心の拠りどころ」を求めている

さらに、人が「心の拠りどころ」を求めている状況は、太古の昔も今も変わりません。仏教は紀元前5世紀頃にインドで誕生したと言われていますが、それ以前にもバラモン教などの宗教は存在していました。築地本願寺が創建された江戸時代どころか人類が誕生した頃から、人々は「心の拠りどころ」を求めてきたのです。

科学とテクノロジーの進化で多くの病は克服されましたが、すべての病が消えることはなく、苦しみは繰り返し訪れます。

「どうか雨を降らせてください」と神仏に祈ることもあります。いまだ私たちは天候をコントロールできません。阪神・淡路大震災、東日本大震災などの地震、過酷な豪雨や台風被害は変わらずに訪れます。誰も予想ができない災難に直面した時、誰も正解を教えてくれない問題に立ち向かう時、人には心の拠りどころが必要なのです。

そして大きな外的要因がなくても、人の心は惑います。特に少子高齢化で高齢者が増えた今、「死」は現実味を持って迫ってくる、多くの人にとっての関心事です。病名告知、余命告知が当たり前の中で、遺言書の書き方や生前整理など「どのように死を迎えるべきか」の情報は溢れていても、絶対の答えはありません。

日々を生きていくにも、人の心は惑います。貧困や格差の問題は広がり続けています。仕事のストレスのほとんどが人間関係に起因するとされていますが、家から個の時代になった時、心をほどいて打ち明けられる相手を持たない人は少なくないでしょう。

古から心の拠りどころであった寺院は、その役割を取り戻し、人々に寄り添う力がまだ残っているはずです。

キリスト教やイスラム教の国は宗教がもっと人々の近くにあります。そして日本人の場合、「親しみを感じる宗教は？」という問いに対して「仏教」と答える人は65％です。神道21％、キリスト教13％をはるかに上回る数字です。

「宗教を信じていないけれど、宗教心は大切」

「特定のお寺の檀家ではないけれど、仏教に親しみを感じている」

「死について、お墓についていろいろ考えている」

「災害などの不安や、人間関係の悩みがある」

こうした〝宗教的浮動層〟と言える人々が都会人の特徴であるなら、都会の寺院である築地本願寺は、彼らに寄り添うべきではないでしょうか。

首都圏人口３５００万人のうち、浄土真宗本願寺派と縁がある人は３％、約１００万人です。残り３４００万人のうち60％以上が「無宗教」と答えていますので、まだまだ働きかける余地があります。

「イノベーションの歴史」を継承する

「このままでは築地本願寺は潰れてしまう」

現在の築地本願寺の本堂は昭和９年（１９３４年）に再建されました。木造で瓦屋根、堂内は畳敷きというそれまでの大寺院のイメージを打ち破るデザインで創建されました。外観もそうですが、土足で入れるようにして、椅子席を設けた先見性は、まさに戦前の寺院スタイルのイノベーションでした。

「誰でも入ることができて、受け入れてくれる本堂であれ」と願われたにもかかわらず、時代を経るにしたがって、そうした開かれたお寺であろうという思いをどこかに置いてきてしまったのではないか。時代や環境の変化に応じて変わろうとしない保守的な体質に変わってきてしまったようです。

檀家制度が崩壊し、お寺が消えていくという現状分析を踏まえて私が危機感を訴えても、現状に安住している僧侶たちにはなかなか伝わりませんでした。個人とのつながりを強めることの重要性を話しても、「布教すれば檀家が増えて懇志も増える」という昔ながらの方法でよいと考えているようでした。今あるお寺が潰れていく中で、大多数の宗教的浮動層の人に伝わる方法に変えなければ、現実味に乏しい意見と言わざるを得ません。

もちろん危機感を感じている僧侶もたくさんいて、彼らは「このままではだめだ」と思っていました。しかし、伝統ある古い組織だけに、誰も大きな変化を望まない「守旧派」を説得して現状を変える「嫌われ役」を引き受けたくはないのです。

「あなたが考えたプロジェクトなのだから、あなたがやってください」

２０１５年７月、ビジネスの世界からやってきたよそ者である私が、築地本願寺の〝社長〟たる宗務長に任命されたのは、まさに「嫌われ役」を引き受けよということでもありました。

「築地本願寺のやり方は40年遅れています。１９７５年の高度経済成長期で止まっている。『大丈夫、時が経てば成長し、業績もきっと良くなる』と根拠なく楽観視している。

でも、実質的に成長していません。体ばかりが大きくなって効率が悪いのに、ＩＴ導入をはじめとする合理化に対してはとても消極的です。外から見たら時代遅れなのに、中にいる皆さんは遅れていると全く自覚していない。このギャップは大問題です」

変化できないどころか、変化しようとしていないのが築地本願寺なのだと、私ははっきりと言いました。

親鸞聖人、蓮如上人から続くイノベーションの系譜

「なぜ、変化できないのか？」

コンサルタントの視点になり、築地本願寺を離れてビジネス全般を考えれば、変化ができない理由は、「経営者にイノベーションのセンスがない」ということに尽きます。新しいものを取り入れて変化させる――そんなリーダーがいなければ、組織は古い体質のまま時を止め、やがて消えていきます。

しかし、考えているうちに、私は面白いことに気づきました。本願寺派の長い歴史の中では、必ず何世代かに１人、革新的なトップが現れるということです。

浄土真宗の宗祖は親鸞聖人。９歳でお得度して京都青蓮院に入り、天台宗の僧として厳

しい修行を積んでいたのに、法然聖人の教えに打たれて下山。「自力で修行する」という天台宗に得心できず、「『南無阿弥陀仏』と称えれば誰でも浄土に行ける」という本願他力の法然聖人の教えに魅せられたのです。これは当時としてはかなり革新的な思想で、親鸞聖人はそれまでの宗教者の「修行して成仏する」という思想をある意味で否定して、法然聖人の教えに帰依した人物でした。

親鸞聖人が浄土真宗の宗祖と評価されたのは浄土に往かれたのちのこと。自分のことは、生涯法然聖人の弟子で、新しい教えの開祖とみなしていなかった節すらあります。そのため「浄土真宗」という宗名がつけられたのも親鸞聖人の死後、時間が経ってからのことです。

浄土真宗はしばらくの間、「天台宗から派生した浄土宗の中の小さな一派」のような、あるいは「京都青蓮院門跡の一部」のような、ひなびた一宗派に過ぎませんでした。

そして親鸞聖人から8代目に、イノベーターたる革新的なトップが現れます。言わずと知れた蓮如上人です。側室の子どもとして天台宗青蓮院に連なる大谷本願寺に生を受けた蓮如上人は、正妻の子どもたちとの熾烈な跡目争いを繰り広げます。本願寺8代目として門主を継いだ頃には40歳を過ぎていましたから、当時にすれば晩年です。

蓮如上人はその後、革新的でパワフルな布教活動で門徒を地方に大きく広げ、本願寺を大きくするのですから、まさにイノベーターと言える人物でした。

人々の心を動かすには、シンプルで、わかりやすく、インパクトがあるメッセージが必要だ――そう考えた蓮如上人は「御文章」と言われる親鸞聖人の教えを具体的にやさしく伝える膨大な手紙を書いて、それを各地の門徒に配りました。当時の正式な手紙は教養を見せつける和漢混合文で、高尚すぎて一般の人には読みづらい。そこで蓮如上人は、あえてかな文字口語体の手紙にしました。それなら各地の門徒代表にも読みやすく、彼らが文字を読めない門徒に伝える際にも伝わりやすい。

「南無阿弥陀仏《なもあみだぶつ》」という浄土真宗の名号《みょうごう》を、毎朝、腕まくりして大きな和紙に何百枚と書くのも蓮如上人の習慣だったと言われています。門徒にとって名号は、「これをみんなで疑いなく信じれば阿弥陀仏様によって一人残らず救われる」という大切なものです。それを門主手ずから書いてくれるのですから門徒たちは感動します。

各地を転々としながら「伝わる言葉」で人を動かしていった蓮如上人は、いち早く広報活動を取り入れていたのです。その結果、「わかりやすい！　これは自分たち（庶民）のための宗教だ」と受け入れられ、庶民を中心に爆発的に広まって行きました。

そもそも浄土真宗では、商工業者の受け取る利益を、他を利することに対する報酬と捉えています。商工業は利他によって自利をも得るものであるから、菩薩心より発する自利利他の菩薩行であるとしているのです。

「たとい商いをするとも仏法の御用と心得るべし」という蓮如上人の言葉も伝えられています。

また、財政的に破綻しそうになると、民間の有力豪族を味方に引き入れて山科本願寺の土地を寄進させたり、他の宗派を次々に説得統合して傘下に入れたりしていき（当時のＭ＆Ａ？）教団を拡大させるなど非常に革新的な人物でした。蓮如上人というイノベーターがいなければ、今の本願寺教団はなかったでしょう。

築地本願寺も変わらなければ生き残れない

私がイノベーターになれるかどうかはわかりませんが、蓮如上人に連なる浄土真宗本願寺派は、本来、変革に違和感はないはずです。

しかし蓮如上人の時代から約６００年が過ぎ、組織が大きくなれば、変化に抵抗感を持つ人はたくさん出てきます。それはどんな組織でも同じことですが、「今までやってきたことを、これからもやっていれば大丈夫」という時代は終わっています。

根拠のない幻想に固執し、既存の枠組みの中で同じことを繰り返すというのは、一番危険なやり方だと私は感じます。

お寺は日本各地で長年にわたり、人々の生き方を見つめ続けてきました。だからこそ加速度的に変化する世界の中で長期的な視点に立ち、地域のビジョンを提言できる。人々の新しい生き方を創造し、発信できる力もあるはずです。

昔のままでは、築地本願寺というせっかくの素晴らしいブランドが、消滅してしまうのも時間の問題でした。資金や余力があるうちに動き出さなければなりません。

ダーウィンは適者生存の法則で、「強いものが生き残るのではなく、環境変化に対応したものが生き残る」と述べました。

変わりゆく時代にこそ、自らが変化することで、「変わらない価値」をつくる。

生き残りをかけて、内側から、外側から、築地本願寺を変えていく。

それが私に課された役割でした。

第2章

開かれたお寺の「顧客創造」

――築地本願寺のリブランディング

築地本願寺、400年後のリニューアルオープン

「顧客創造」の3つのステップ

2012年に浄土真宗本願寺派が新体制となるにあたって、築地本願寺は「宗教法人本願寺築地別院」から「宗教法人築地本願寺」となり、宗派の中では全国唯一の直轄寺院となりました。いわば〝子会社〟であり、その役割は本願寺派全体の伝道布教改革の首都圏における先導者となることです。それについての目標は3つあります。

・首都圏の新たな門信徒を拡充する。
・危機的状況がより深刻な地方のお寺のハブとなり、支援する。
・地方から都会に出てきたかつての門徒と、お寺との縁が切れないようにする。

この3つを果たすべく2015年からの10年間でさまざまな取り組みを行うにあたり、予算は40億円。原資は〝統括本社〟たる京都の本願寺派（宗派）の中長期計画である宗門

総合振興計画からの20億円（伝灯奉告法要時の全国からの懇志《こんし》の一部）と、築地本願寺の内部留保（積立金）20億円です。赤字経営の中、これだけの大きな投資をするのですから確実に結果を出さねばなりません。

事業計画の第1期は「築地本願寺自らが改革し、首都圏の門信徒を拡充する」を主眼とし、築地本願寺がもっと開かれたお寺になることを目指しました。そこで私たちが立ち上げたのが「『寺と』プロジェクト」です。スローガンは「ひらけ!!　築地本願寺。」でした。

「首都圏の門信徒を拡充する」つまり顧客創造をするといっても、「新たに寺院をつくって檀家になってもらう」という従来のやり方だけでは十分ではありません。新たなお寺の設立は大変労力のかかることで、時間も要します。また、いきなり従来どおりの布教活動をすると、仏教にご縁のなかった人には、敷居が高く近寄りがたいものになりかねません。

そこで私は、人と寺院の「新しいつながり」を提案しようと思いました。私の考えるステップは、「まずご縁をつくる、そしてご縁をつなげる」であり、まずはご縁を「つくる」ことから始めようと考えました。

そこでステップ1として、築地本願寺が開かれたお寺になり、広く一般の人たちに「足を運んでみよう」と思ってもらう。そうすれば今までお寺に関心がなかった人ともご縁をつくり、お寺を身近な存在だと感じてもらうことができます。

ご縁ができたらステップ2です。「お墓についてわからないことがある」「家族が重い病気になって、余命宣告を受けたので誰かに相談したい」という時、「あのお寺なら相談しやすそうだ。話しに行こう」となれば、関係が深まっていきます。つくったご縁をつなげるということです。

その関係が継続したら、ステップ3です。「せっかくなら浄土真宗の教えを学びたい」「うちのお墓と葬儀や法要は、築地本願寺にお願いしようか」という気持ちが芽生えた人たちに、門信徒になっていただく。

こうして誕生した「顧客」――つまり「新しい門信徒」は、昔ながらの信仰心に厚い浄土真宗の門徒さんたちとはタイプが違うでしょう。長年の門徒さんには、敬虔な信仰心を持ち、定期的なお寺へのご懇志を欠かさず、報恩講、永代経、盆・彼岸という節目ごとに必ずお寺にお参りをし、京都の本山にも年に1回は行くという方が大勢います。新しくご縁をつくる方々は、おそらくそういう従来の信仰行動をする人たちではありません。でも、私はそれでいいと思っていました。なぜなら新しい顧客（新しいタイプの門信徒）こそ、これからの時代の普通の人々、お寺を支えてくださるボリューム層顧客だからです。

「築地」の由来となった寺院の大改革

3つのステップを実現するにあたって、具体的には5つの改革案をつくりました。

1. インフォメーションセンター
2. 築地本願寺合同墓
3. 会員制度「築地本願寺倶楽部」
4. 気軽に電話相談、法要予約や合同墓説明会資料請求・予約ができる「築地本願寺コンタクトセンター」
5. サテライトテンプル「築地本願寺GINZAサロン」

1つ目のインフォメーションセンターは、境内に新たな複合施設をつくろうというものです。そこには総合案内と総合相談窓口を設け、カフェやオフィシャルショップ、ブックセンターもある、みんなが足を運びたくなるつくりにします。「ひらけ!! 築地本願寺。」のスローガンどおり、「お寺の間口を広く、カジュアルに入りやすくしよう」と考えました。

これまで縁がなかった人たちとのファーストコンタクトの場を広げるためには、大胆な改革が必要です。そこで境内改修に着手することになりました。

築地本願寺は１６１７年、京都西本願寺の別院として浅草に創建されました。ところが１６５７年「明暦の大火」（いわゆる「振り袖大火」）で焼失したために移転。再建のため江戸幕府から与えられた〝土地〟が現在の場所ですが、当時はまだ海。そこで「海を埋め立てて土地を築き、本堂を建立した」ことから、「築地」という地名ができました。

関東大震災でも火災に遭い全焼しましたが、１９３４年に再建。11年もかけてつくりあげたのが現在の本堂であり、昭和、平成、令和の時代を見守っています。

２０１４年には本堂、大谷石の石塀、三門門柱が国の重要文化財に指定されましたが、一際目を引くのは本堂でしょう。古代インド様式で、当時も今も斬新な建築物です。外観もさることながら、本堂入り口にあるステンドグラス、随所にあしらわれた妖怪や動物の彫刻など、エキゾチックな雰囲気に「お寺らしからぬ」という感想を抱く方もいるようです。

これは設計者である伊東忠太博士と当時の浄土真宗本願寺派の門主、大谷光瑞が旅したアジアやシルクロードの影響です。東京帝国大学教授で建築史家である伊東博士は、建築のルーツを求めてアジア各地を訪れていました。一方大谷光瑞は仏教の伝来ルートを探してシルクロードを旅していました。この二人の出会いの象徴とも言えるのが本堂です。

私は僧侶としてのお勤めもしますが、本堂の中央正面に安置された本尊阿弥陀如来の内陣はまさしく伝統的な浄土真宗のお寺そのもので、外側の古代インド様式のドームと本堂内部の荘厳さは不思議なコントラストを醸し出しています。

斬新で人目を引く４００年の歴史を持つ由緒ある寺であれば、そのブランド力は絶大といっていい。ところが、プロジェクト始動前、その魅力は生かされていませんでした。

「伝統」に覆い隠されたブランド

東京で暮らしている大阪人は、道頓堀のグリコのマークを見て「ああ、帰ってきた」と感じると聞いたことがあります。ランドマークとは土地を象徴する建物や塔のことで、銀座であれば和光の大時計、浅草ならば浅草寺。パリのエッフェル塔やニューヨーク・リバティ島の自由の女神もランドマークの代表例でしょう。

築地本願寺も、築地のランドマークとしてもっと注目されていいはずです。歴史ある個性的な建築物はインパクトがあり、一度見たら忘れるものではありません。

しかしそれは「見えれば」の話。プロジェクト始動前は、正門右手の築地4丁目の交差点からすら本堂の外観がよく見えませんでした。

東銀座の歌舞伎座から歩いてきても、移転前の築地市場に出入りする車の窓越しでも、まず目に入るのは鬱蒼と茂った銀杏や欅、桜などの木々。創建当初はさわやかな緑だったかもしれませんが、80年も経てば「確かに重厚だけれど、ちょっと重厚すぎる……」となるのは人も木も同じ。時を経るごとに魅力を増していく建物とは違います。

きちんと手入れはしていましたが、数が多すぎれば暗くなります。なぜ、間引きをしなかったのかといえば、寄進された方の気持ちを大切にするという姿勢がある反面、寺院の体質も原因です。戒律を守る人の集まりだけにしきたりが多い組織で、木を一本切るにも本山の許可が必要です。

「手続きは煩雑だし面倒くさい」と感じる人もいるでしょう。特別な場所にずっとあった木々となれば、「そうっと、そのままにしておくのがいい」と考える人が圧倒的多数であっても不思議はありません。

こうして木々が建物を覆い隠し、せっかくの本堂が見えなくなり、そればかりか「入りにくい」「いや、用がないのに入ったらダメだろう」という閉鎖的なイメージも与えていました。

「築地本願寺は有名だし、著名人のご葬儀も行われるので知っているけれど、足を踏み入れたことがない」「入り口まで行っても果たして入っていいのかどうかわからない」ランドマークとして親しまれるどころか、東京の人たちにさえこう言われる始末でした。木々に閉じ込められて、せっかくの由緒ある寺院が「閉じた寺」になっていたのです。

長いこと同じ組織にいる人たちが与えられた役割に染まって自分の意見を失い、新しいことができなくなる状況は、銀行という古い業界にいた私にはよくわかっていました。だからこそ現状を壊すのが、〝突然やってきたよそ者〟である私のミッションでした。

統一されたイメージでリブランディングする

お寺にも「デザイナー」が必要

「木々を伐採して、広々とした開放感のある境内に変える。外からも見えるようにする。

そして誰もが訪れたくなるようなインフォメーションセンターをつくろう！」

インフォメーションセンターだけでなく、境内には誰もが安心して入れてお参りしやすい「合同墓」の建設も予定していました。まずは見える外観から一気に変えるのです。

そうと決まれば行動ですが、私は建築会社などに直接働きかける前に、デザイナーを探すことにしました。

「お寺を改革するのにデザイナー？」と奇異に感じる人もいたようですが、「デザイナーがいなければ始まらない」という私の気持ちは揺るぎませんでした。

なぜなら、寺院が提供するのはモノではなく広義の「サービス」です。

「お寺なのにサービスなんて、商売とは違う」という誹りを受けそうですが、サービスはキリスト教の「神に代わって奉仕する」という考えが元になった宗教の言葉です。

神への奉仕にしろ商売にしろ、便利さや機能性を提供するのがサービスだといえば、比較的わかりやすいでしょう。たとえばインターネットというサービスは、目に見えなくても「遠くの人に一瞬でメッセージが送れる」「なんでも即座に調べられる」といったことが体感できます。

しかし私たちがやろうとしている「コミュニティの中心になるという〝サービス〟」は、

すぐには感じられません。価値を伝えるのに時間がかかります。

また、心の拠りどころという宗教の大切な役割は、目に見えないし、感じるしかない。

そこで私は「『寺と』プロジェクト」始動にあたって、トータルイメージをきちんとつくり上げてくれるデザイナー、クリエイティブ・ディレクターが不可欠だと考えたのです。

「木々は造園会社に伐ってもらおう」

「インフォメーションセンターはいい設計士に頼めばいい」

こんな具合に個別にやっていたら、できあがった時のイメージはばらばらになってしまいます。総合的にすべてを見渡す人がいて、その指揮官のもとで「新たな築地本願寺のイメージ」をつくり上げなければ、築地本願寺の再構築――リブランディングは成功しないでしょう。

私が抜群のデザインセンスの持ち主なら指揮官になれますが、ビジネス畑で生きてきた昭和の男に、それは無理な相談です。アップルのスティーブ・ジョブズのような名指揮官になれるトップも稀にいますが、本当に稀な例でしょう。もっとも、アップルにも、ジョナサン・アイブというチーフデザイナーがいます。素人である私が生半可にいろいろとデザインに口出しをして台無しにするよりは、プロに頼むのが一番です。

そこでお願いしたのが、現代美術作家でデザイナーの中山ダイスケさん。何人もの候補者にお会いしましたが、「私自身、お寺や宗教に興味があります」と言ってくださいました。実績やデザインやアートディレクションの能力はもちろんのこと、私たち僧侶の考え方やセンスを汲み取り、理解する力が抜群なのです。

中山さんのデザインで、築地本願寺の〝コーポレートカラー〟は「鉄紺」という濃い紺色に統一しました。これまでは歴代の担当者の好みなのか「こっちには緑」「あれは水色」とバラバラでしたが、すべて一新しました。今では門の壁、ウェブサイト、インフォメーションセンターのポイントにも鉄紺が使われています。

ＣＩ（コーポレート・アイデンティティ）の一環として中山さんにはロゴマーク作成もお願いし、パンフレットから出版物、ウェブサイトにもすべて入れることにしました。鉄紺に金色で描かれたコーポレート・ロゴマークはインド様式の本堂のシルエットと「寺」の文字を組み合わせたもの。本堂の特徴を捉えてそっくりなうえにしゃれています。

もちろん改修には泥臭い工程がつきものです。木々の伐採をしたあと、境内をきれいにしようと地面を掘り起こしたら、関東大震災の時に埋め込まれたコンクリートなどのドンガラ破片が大量に出て来て仰天。その廃棄処分だけでも相当なお金がかかったのは想定外でした。

しかしその甲斐あって、木々がなくなり、朗々と開けた境内は、明るい空間に生まれ変わりました。２０１７年11月に落成したインフォメーションセンター、合同墓のある礼拝堂はまるで現代美術館のようなのに、異形ともいっていいインド様式の本堂と不思議にマッチしています。また、境内からは有料駐車場をなくし、創建当時のデザインの石模様と芝生の文様を再現しました。

築地本願寺は私たちの思惑どおり「入ってみたいと思わせる、入りやすい場所」に変わりました。外国人観光客や一眼レフをぶら下げた〝カメラ女子〟など、今まで見かけなかった人の姿が見られるようになったのです。

インスタ映えで大行列！「『寺と』カフェ」「18品の朝ごはん」

インフォメーションセンターが寛ぎと安らぎの空間になるには、心惹かれる楽しみもあって然るべきです。総合案内や総合相談窓口があるだけでは、いくら開放感あふれる建物であっても、お寺と縁もゆかりもない人は足を運んでくれません。

そこでつくったのが「築地本願寺カフェ Tsumugi」。「『寺と』カフェ」というコンセプトで、法要やお参りにいらっしゃる方のみならず、「誰もが気軽に立ち寄れる場所」を目指しました。入り口には築地本願寺のロゴがあしらわれたTsumugiの表示。店内からは大きなガラス越しに本堂を眺めることができ、ゆったりと安心のひとときを過ごせるように設計されています。

カフェは空間も大切ですが、メニューも重要です。和定食やパスタ、抹茶やほうじ茶を使ったお寺らしいスイーツなどを吟味して揃えましたが、何か、看板になるものがほしい……。

そこでカフェ運営会社プロントの開発担当者とお寺とで知恵を絞って誕生させたのが、「18品の朝ごはん」でした。最も大事な経典『仏説無量寿経』の中で築地本願寺の本尊・阿弥陀如来は修行時代、人々を救うために「四十八の誓願」を立てたと言われています。そして、その中で浄土真宗が一番大切にしているのが第十八願。簡単な言葉で表すなら、「本当に安心できる世界（つまり浄土）に、命あるものすべてを平等に生まれさせたい」という意味合い。これこそ阿弥陀如来の根本の願いであるとして、第十八願を「本願」と呼んでいます。

本願に因んで18品と決まってから、18品を何にするか試食会をして検討したり、「ご飯とおかゆを選べるようにしよう」という意見が出たり、「定価はどうしよう」と相談したり……。

価格設定は慎重に行いました。「朝食に１８００円は高すぎる」と私は反対しましたが、２０１７年の11月にTsumugiが１８００円の朝食を出すようになると、後からオープンしたホテルのカフェの朝食もみんな１８００円に揃えてきました。いつの間にか値段がこなれ、築地界隈のちょっと高い小洒落た朝食の標準価格になったようです。市場は生き物だということを、改めて感じました。

18品の朝ごはんは、「インスタ映えする」という予想外の反応があり、女子大生からシニアまで女性が行列するほどの大人気となりました。ランチはビジネスマンもやってきますし、午後のお茶を飲みながらノートパソコンを開いて仕事をしている人の姿もあります。まさにご縁がなかった方々とのご縁が食事を介してできていきました。

インフォメーションセンターには、カフェのほかに、洒落た仏具や雑貨を９００アイテム揃えたオフィシャルショップ、仏教の入門書、専門書、経典や精進料理のレシピ本などを販売するブックセンターが併設されています。開かれたお寺のイメージの中で仏教にも親しんでいただき楽しんでいただこうという工夫です。

総合相談窓口には係員だけでなく僧侶も常駐しています。「自分が死んだら誰がお墓の面倒を見てくれるのか」「お葬式はどうしよう」「いなかのお寺にあるお墓を東京に移したいが？」といった都会に住む誰もが抱える悩みを、気軽に相談していただける拠点となっています。

こうした一連の境内地の大改革にあたっては、古参僧侶職員の吉川孝介さん（現宮崎教区教務所長、宮崎別院輪番）をはじめとする築地本願寺プロジェクトチームの皆さんに大変お世話になりました。

お墓の悩みにお寺が「新しい答え」を出す

次の世代に面倒をかけたくないミドル・シニアたち

2つ目の改革案は合同墓です。

人が寺院と関わるライフイベントの一つが死であり、死につきものなのがお墓です。

第1章で述べたとおり、価値観の多様化で特に都市部の葬儀のあり方は変化しており、お墓も然りです。先祖代々の寺があっても、遠方に住んでいてお参りに行きにくい人は大勢います。私自身も東京出身ですが、我が安永家のお墓は福岡の博多にあります。「ちょっと死んだ親父に近況のご報告やお彼岸のご挨拶を」という具合にはなかなかいきません。

お墓はミドルやシニアの悩みごとの代表と言っていい関心事でもあります。

「次男だからお墓を買わなければいけないけれど、どうすればいいか」という人。

「自分でお墓を用意しても、死後に誰がお墓の面倒を見てくれるのか」という人。

また、お墓はいらないので「骨を海に撒いてほしい」と海洋散骨を希望する人も珍しくなくなりました。今では、宇宙散骨も予約できるようになりました。

少子高齢化社会なのですから子どもが1人か2人の家庭は多く、仮にその子どもが独身で孫もいなければ、わずか数十年で誰もお参りをしてくれないお墓（無縁墓）になってしまいます。相続する身内がいない人が増えていき、立派なお墓が打ち捨てられていくという状況は、今後増加の一途をたどるでしょう。どのお寺も永代供養（浄土真宗では先祖に対しては「供養」という言葉は使いませんが、ここでは一般的な用語として、お寺が永久にお墓を守り、お経をあげて個人を追悼することを意味しています）を引き受けていますが、それで人々の先行きの不安がすべて拭い去られるわけではありません。

昭和までの「いずれ先祖代々のお墓に入り、その面倒は子や孫に任せる」という時代のお年寄りは、お墓についてあれこれ考えたりしませんでしたが、今はそうはいきません。

さらに、現代のミドルやシニアに共通するのは「次の世代に迷惑はかけたくない」という気持ちです。自分できちんとお墓も用意して、準備万端で死を迎えたいと考えているから、余計に悩みが増えるのです。私白身、60代半ばでまさにエンディングを考え始める年代です。

時代に寄り添う「これからのお墓」を提案しなければいけないと、ずっと考え続けていました。

葬式は生きている人のための「儀式」

第1章で述べたとおり、お葬式は簡略化され、お墓参りの頻度も減っていますが、まったくなくなることはないと私は感じています。

宗教は生きている人のためのもの。お葬式は亡くなった人をお浄土へ送ることを表明する儀式であるとともに、残された生きている人の心を鎮めるための長い年月を経て定着してきた儀式です。

世界中ほとんどの場所で、長い歴史を経ても葬儀・埋葬という儀式が残っているのは、それが人類にとって必要かつ意味があることだからでしょう。大切な人の死がもたらす悲しみを少しずつ和らげ、段階を踏んで受け入れるために、人には儀式（イニシエーション）が必要です。

「入学式も卒業式もなくていい。学校は決められたことを学べばいいから、1日目にすぐ授業、最後の日も通常どおりの授業でいい」という考え方もありますが、心のけじめをつける儀式が、私たちの暮らしにリズムを与えています。

お正月もお盆もクリスマスも大晦日もない——そんなのっぺらぼうの毎日は生きにくいのではないでしょうか？　まして「死」という、人にとって大きな節目を、何もなくやり過ごすというのは難しい気がします。前にも述べたとおり、葬儀とは、一歩前に進むための契機を私たちに与えてくれる儀式です。そして、亡き人の命を死で終わらせることなく、普遍的な価値を持って関わり続ける存在であると私たちが受け止める儀式です。

今は家族葬が増えていますが、葬儀・埋葬という儀式が欠かせないのは家族だけではありません。その人とご縁があった人たちは、その人がとっくに亡くなり、荼毘に付されていたと後から知った時、「お別れを言えなかった」とやりきれない思いをすることもあるでしょう。たとえずっと会っていなかった古い友人であっても、いいえ、ずっと会っていなかった懐かしい友だからこそ、「ああ、最後にお葬式だけでも行きたかった」と悔やんだりするものです。

その意味で、ご縁のあった人々が集まって一緒にお別れの儀式ができる葬儀というものは、合理的なシステム。みんなの悲しみを癒すための、グリーフケアの一環になっていると思います。

ショッピングのついでに立ち寄れるお墓

最後のお別れを言えなかった時、やりきれない気持ちの落としどころを求める人は、なんらかのアクションを起こします。

「仕事の都合でお葬式には行けなかったから、ご仏前にお花でも」

「お別れを言えなかったからお墓参りがしたい」

お葬式でなくても、何かのけじめをつけたいという思いがそこにはあります。

「葬儀が多様化・簡略化する流れはもう変わらない」

「それでも人の死には儀式が必要で、葬儀への参加の代わりにお墓参りに行く人がいる」

そう考えると、お墓は儀式を兼ねるものであり、誰もが立ち寄れるようにするには、お参りしやすい便利な場所にあって然るべきです。その点、築地本願寺はアクセスが抜群の便利な場所にあります。銀座からすぐ近く、買い物帰りに立ち寄ることもできるのです。

多くの人が求めている、「これからのお墓」が提案できる——そう考えて私たちが立案したのが、「合同墓」でした。いわばお墓のマンションで、誰もが気軽に訪れることができる、シンプルなお墓です。

これからのお墓のかたちを提案する「築地本願寺合同墓」

西と東でこんなに違う！　合同墓のマーケティング

合同墓のプランを立てて実行する段階で、細かなマーケティング調査を一般の調査会社のインターネット・システムを使って行いました。いわゆる世論調査のようなものです。

一般的に寺院はその成り立ちからいって、「自分たちはありがたい教えを与える側」「仏様の教えをお取り次ぎさせていただく立場」という上から目線の意識が染みついていて、どうしても相手の立場に立って「何が求められているのか？」を慮ることが苦手です。しかしそれでは、独りよがりな改革になり、人々の役に立つことも、喜んでもらうこともできません。ビジネスとして考えれば、プロダクトアウトの発想であり、大きな投資をして赤字がさらに膨らむという最悪の結果となるでしょう。

そこで私は、「お寺もコーポレーション」という信念のもと、一つ一つのプランについては、マーケティングをしっかりと取り入れるようにしました。合同墓についてのマーケティング調査はインターネットを使い、設問に答えてもらうかたちをとりました。

「有名なお寺が都心の好立地にお墓を建てるとして、あなたが入るなら普通の納骨堂、合同墓の納骨堂、どちらがいいですか？」

「合同墓に入るなら、いろいろな人のお骨と一緒になっても抵抗がありませんか？　お骨は個別にしてほしいですか？」

調査の結果、見えてきたのは明らかな地域性でした。

東京の人はお骨が混ざることに抵抗感があり、関西では「いろいろな人のお骨と一緒になってもいい」と感じる人が多いのです。

理由は明確で、浄土真宗本願寺派の関西のお寺には、お墓がないところが少なくありません。それらのお寺の門徒は、昔から京都の大谷本廟に合葬されてきました。家によっては分骨して骨の一部を一族のお墓に葬ることもありますが、お骨が混じることが嫌だからというわけではありません。

また、大阪天王寺の一心寺は、合葬の寺として多くの方のお骨で「骨仏」をつくることで有名で、非常に多くの方が納骨されていることからも合葬が受け入れられている地域性がわかります。

付け加えると、骨壺のサイズも東と西で異なります。西のほうが小さく、東のおよそ半分。東はすべてのお骨を壺に納め、一番上に頭蓋骨を載せたりしますが、西は壺に入らないぶんのお骨は火葬場で廃棄処分にします。

築地本願寺は東京のお寺であり、多くの人が他の人とお骨が混じる合葬に抵抗感があることから最終的に「ご遺骨はすべてお預かりし、パウダーにして個別のお骨袋に入れた状態で納骨堂に収蔵する」というかたちに落ち着きました。

合同墓と聞くと奇異に感じる人がいるかもしれませんが、実はすでに全国にあります。

なぜなら、先祖代々のお墓でも納めるスペースには限度がある。お骨が多くなりすぎたら古いお骨を出し、どこのお寺にも必ずある合葬墓に入れるというやり方は昔も今も変わりません。

こう考えると時間が経てば誰もが合同墓で弔われるわけですし、もっと長期的な視点に立てばすべては土に還ります。

その意味で私は個人的に、「亡き人を思うことに意味があり、お骨そのものにはさほど意味がないのではないか」と考えることもあります。

宗派を問わずに「生前の意思」で受け付ける

都市部にあるマンションタイプの「これからのお墓」（いわば「未来墓」）。築地本願寺の境内に、２０１７年11月に礼拝堂を備えた「築地本願寺合同墓」が創建されました。

前例のないコンセプトであるため、この合同墓をつくるにあたっては、寺院内で多くの議論がありました。職員の石川勝徳部長（現教化育成部長）、吉川孝介さん（現宮崎教区教務所長）をはじめとするプロジェクトメンバーを中心に、マーケティング調査からデザイン、冥加金（合同墓の契約金）に至るまで、多くの議論を重ねた結果として、スタートすることができました。

境内に建てられた納骨堂は、本堂やインフォメーションセンターとマッチする現代美術館のような趣ですが、内部には礼拝堂もあります。回廊に刻まれているのは、俗名にあたる「個人名」。合同墓への申し込み後、多くの方が、お参りして自分の名前を回廊で確認されています。

また、合同墓と一緒に、帰敬式を申し込まれて、仏様の弟子になった証である「法名」を受けられる人もいます。他の宗派での戒名に当たる「法名」はその宗派の信者が授与されるものですから、生前に「法名がほしい」という場合、浄土真宗の門徒になる「帰敬式」を受けてもらい、この機会に築地本願寺の門信徒になっていただくのです。

そして、浄土真宗本願寺派の教えや儀式を尊重することに同意をいただきます。申し込まれた方は全員、申し込み順に回廊に生前のお名前を刻みます。つまり築地本願寺の合同墓の大きな特徴は、お寺の廟堂でありながら「これまでの宗派を問わずに誰でも入れる」ということです。

故人であっても申し込みは法名や戒名がわからなければ、俗名でもまったく問題はありません。これは「あらゆる人（衆生）を救う」という教義からくる浄土真宗のおおらかさ、非常に大きな特徴だと思います。

キリスト教やイスラム教は「異教徒お断り」が原則で、「自殺者は弔えない、同性愛を許さない」といった一神教特有の厳しさがありますが、それに比べると仏教はかなりゆるやかです。浄土真宗は仏教の中でも特に間口が広い宗派で、「あらゆる人（衆生）を救う」という教えです。

親鸞聖人の言葉を集めた『歎異抄』に、有名な一節があります。

「善人なおもて往生をとぐ、いわんや悪人をや」

たとえこの世で殺人を犯した者であっても、念仏を称えていれば死後は浄土に導かれ、そこで阿弥陀如来が成仏させてくれるという教えとして理解されています（より正確には、ここで言う「悪人」とは、煩悩が多くて悟りが開けない人、善人とは自らの善で悟りを開こうとする人、という意味で、そのため阿弥陀仏の本願にまかせる思いに欠けてしまいます）。

誤解されやすいのですが、「殺人を許す」というニュアンスではありません。「殺人者は罪人である以前に、罪を犯さずにはいられないほどの煩悩を抱えた弱い人間。そんな人こそ救わなければいけない」という、阿弥陀如来の懐の深さを説いたものです。阿弥陀如来は、そうした煩悩にとらわれた私たちすべてを残さずに救うと誓いを立てられて、とてつもなく長い時間修行されてその誓願を達成されて仏様になっているのです。したがって、この世で大きな罪を犯した人、殺人者でさえも必ずすくいとってくれることになります。

つまり、殺人者すら拒まないのですから、仏教のほかの宗派だろうと、異教徒だろうと、すべて受け入れる。築地本願寺は宗派からいってもすべての方を受け入れることができるお寺なのです。この大前提があるので、「生前、自分の意思で自分のお墓を決めたい」という現代人の意思を尊重することができます。

合同墓は、築地本願寺がある限り永遠のいわゆる「永代供養墓」（浄土真宗では供養という言葉は、使いませんが、永代にわたる法要を僧侶が営むという一般の用語でここでは永代供養と表現します）で、冥加金《みょうがきん》は30万円以上。「はじめに」で書いたとおり現在のご契約数は1万人を超えていますが、テレビ東京の「カンブリア宮殿」をはじめ、さまざまなメディアに取り上げられたことで予約が殺到しています。

私は当初「合同墓を始めたら、すぐ競合が出てくるだろう」と思っていました。東京だけでも〝ブランド寺〟はたくさんあります。有名な大企業とて倒産するのですから、そうした大きなお寺も、新たなニーズを創り出さなければいずれ危機を迎えるのは、築地本願寺と同じでしょう。

しかし具体的な動きがないのは、やはりどこのお寺も「伝統に守られているから、自分たちは大丈夫だ」と信じ切っている、古い体質があるのかもしれません。

いっぽうでアクセスが便利な小さなお寺が同じことをすれば、そのお寺にとっても門徒にもプラスは大きいのではないでしょうか。従来型の墓所をつくるには土地の確保が大変ですし、管理にも手間がかかります。しかし限定されたスペースにまとまった合同墓であれば、人手が少ないお寺でも十分行き届いたかたちでお守りできます。

「環境変化に対応したものが生き残る」というダーウィンの適者生存の法則は、築地本願寺だけに当てはまるものではないのです。

お寺が顧客の人生に寄り添う

人生をサポートする「築地本願寺倶楽部」

3つ目の改革案は「築地本願寺倶楽部」です。

合同墓はこれまでの宗派を問わず受け入れますが、浄土真宗本願寺派の法要や儀礼、そして教えを尊重することに同意していただきます。お経などの法要は浄土真宗のもの。教えを尊重してくださる人を対象にしようと、申し込みにあたっては「築地本願寺倶楽部」の会員になっていただくことを条件としました。

「『寺と』プロジェクト」の一環で発足した会員制度「築地本願寺倶楽部」は、事業計画第1期の大きな柱の一つです。入会金や年会費もないゆるやかな会で、門徒のみならず誰でも迎え入れており、ウェブサイトからでもすぐに申し込めます。

「浄土真宗の教義を尊重する、築地本願寺とつながる仲間の集まり」としていますが、具体的に提供するのは「人生サポート」です。

これからのお寺は、法要やお葬式、お墓に入る時だけ人々と関わるのではなく、人生に寄り添い、コミュニティの中心という役割を果たすべきでしょう。それなら、「1、心のサポート」「2、生きがいサポート」「3、終活サポート」の3つを合わせたサービス「人生サポート」こそ、本当に求められているものではないか……。そんな考えから生まれたコンセプトです。

「お寺はそこにあればいい、黙っていても人が自然と集まってくるものだ」という旧態依然とした考えは捨て去り、お寺が動き、お寺のほうから人々に寄り添う。それがこれからのお寺のかたちであり、顧客志向のサービスではないでしょうか。

「心のサポート」としては、仏様や親鸞聖人の教えを僧侶がわかりやすくお話しする「常例布教」と、仏事やお墓のことだけでなく、さまざまな日常の悩みを僧侶が個別に聞く「僧談」を用意しました。

「生きがいサポート」では銀座2丁目に「築地本願寺ＧＩＮＺＡサロン」を設け、仏教についてだけでなく、歴史、ヨガ、生花、著名人のトークショーなどが一回１０００円という安い参加費で楽しめる「ＫＯＫＯＲＯアカデミー」という講座をつくりました。

「ＫＯＫＯＲＯアカデミー」は、２０１６年5月に先行オープンし、石川勝徳部長（現教化育成部長）、島地和美主任、山﨑由香利マネジャーを中心に、講座の構成から講師の選定、運営、広報宣伝に至るまで、熱心に取り組んでもらいました。

「終活サポート」は葬儀や合同墓だけでなく、生前整理、遺言・相続、法律相談、ライフプラン、自分史の作成サポート、メディカルサービスまで幅広く用意しています。これだけ多岐にわたれば僧侶だけではわからないこともたくさんあり、外部の専門家と連携するシステムをとっているのです。

「築地本願寺に行けば、エンディング・ステージに関係するたいていの悩みが解決する」と思ってもらえれば、ご縁は深くなっていくはずです。

築地本願寺倶楽部の会員は現在2万５００人。６対４くらいで女性が多く、年齢層は30代から70代と幅広い年代の方々です。これまでの築地本願寺には、40代女性の心を捉えるイベントや集会がありませんでした。それがヨガや生花など身近な講座を増やしたことで、ご縁ができました。「18品の朝ごはん」を求めて、朝から行列までしてカフェを利用してくれる若い女性も、新たにご縁を結んだ方々です。

２０２３年は、親鸞聖人ご誕生８５０年、２０２４年は関東の地で立教開宗して８００年が重なる本願寺派全体の節目の年です。それまでに会員数10万人を目指していますが、合同墓を入り口に会員になってくださるケースも多いので、手が届く目標だと感じています。最近は、道教泰子主任を中心に倶楽部会員の増加に職員全員が一致協力して取り組んでいます。

従来のシニア層とのご縁も大切にする

私たちが目指しているのは人生のエンディングステージにおけるワンストップサービスです。法要やお墓のことだけではなく、終活や日頃の悩みを忙しい現代人が気軽に相談できるようにすることを目指し、ウェブサイトも充実させています。

「思わず立ち寄りたくなる寺」を目指して大規模改修をしたインフォメーションセンターは成功と言っていいでしょう。カフェ「Tsumugi」の人気に連動して、以前から法要の際などに利用していただいていた日本料理店「紫水」とティーラウンジへの来客数も増え、売上も伸びています。

何より合同墓への反響は大きく、リブランディングは順調に進んでいます。参拝者は1日平均4000人から8000人へと倍増。予算40億円のうち半分以上を費やしただけの結果が出ています。

しかしリブランディングとはひたすら現代的に新しく変え、新しいご縁を招くことではありません。守るべき文化や伝統は、決して変えない――この揺るぎない姿勢も大切で、さもなくば、ただの営利目的になってしまいます。何のためのリブランディングか、本来の意義を忘れてしまうことになるでしょう。

築地本願寺にとって一番に守るべきは浄土真宗の教えで、そこは「ひよっこ僧侶」の私が口出しをするまでもなく、しっかりと継承されています。

そしてもう一つ守るべきは、従来のご縁です。もともと築地本願寺の門徒であった方々は言うまでもありませんが、「門徒ではないけれど親しみを感じていた」「田舎のお寺は浄土真宗だけれど、足が遠のいていた」というシニア層をおざなりにしてはなりません。さらに築地や中央区など地元の方々です。

現役世代であれば、「築地本願寺倶楽部って、ウェブサイトで入会できるんだ」「オンラインでお坊さんの話が聞ける講座がある」と便利さを歓迎してくれます。しかしシニア世代には、「パソコンやスマホは苦手だ」という方も少なからずいます。だからこそインフォメーションセンターの相談窓口を設けています。

そして、４つ目の改革案として、いつでも電話で相談に乗れる「築地本願寺コンタクトセンター」も設置しました。

合同葬でも仏事でも「ちょっと話を聞きたいな」という時、電話オペレーターが対応するならシニアでも気軽に問い合わせができます。実際にニーズはかなりあったようで、月間約１８００件のご相談に対応しています。

「ウェブがいいか？　電話がいいか？」という二択は愚問です。方法論はその都度変わっていくものであり、大切なのは新旧取り混ぜて「ご縁を広くつくる」という本来の目的を果たすことです。リブランディング――ブランドを再構築し、再活性化させるとは、ブランドを壊すことではなく、より良いものにすることなのですから。

お寺にも「宣伝」は欠かせない

築地本願寺には、宿泊施設もあります。もともとは遠方から来る僧侶やお参りに来る門徒のための宿坊です。

大きなお寺には昔から宿坊があります。京都の西本願寺の宿坊は、今は聞法《もんぼう》会館となり、イベント研修会場も備えた大きな宿泊施設になっています。長野善光寺、高野山一乗院、京都智積院などなど、「お寺で仏教体験をし、精進料理をいただく」という宿泊プランを打ち出して人気を博している宿坊も少なくありません。

今や宿坊の利用者は一般客のほうが多いでしょう。有名なお寺の宿が国内外から観光客を呼び込もうと積極的に宣伝しているのは、それぞれのビジネス戦略だと思います。

テレビ東京の「カンブリア宮殿」で築地本願寺が取り上げられた際、宿泊施設も紹介されて多数の問い合わせがありました。バストイレは共用ですが、1名1泊5000円からと、場所を考えれば破格、非常にリーズナブルです。

「都心の一等地にこんな宿があったなんて！」

「築地本願寺に泊まれるなんて知らなかった」

驚きの声も多かったと聞き、私はまだまだ宣伝が足りないと痛感しました。宿泊施設は全15室の小さなものですから「宿の宣伝がしたい」という意味ではありません。

宿坊でさえ「お寺の関係者じゃなくても泊まれますか？」と聞いてくる人がいるとは、お寺はやはり閉じられた場所というイメージが強いのだと実感したのです。それならば「宗派を問わずに法要ができる」「宗派を問わずお墓に入れる」という浄土真宗の特徴たるおおらかさは、きちんと伝わっていない可能性が高いでしょう。

もともと浄土真宗は非常に開かれた宗派です。たとえば、築地本願寺に行き、「最近、心配事が多いのでお経をあげてください」と頼んだら、誰でも本堂で僧侶に読経してもらえる「一座経」というものが昔からあります。

1人でも50人でも懇志は変わらず、目安は1回3～5万円以上。あくまで目安で「お気持ちをいただく」というものですから、「5000円でお願いします」という人もいますが問題なし。それでお経の内容や長さが変わることもありません。元来、誰もが気軽に教義と触れ合えるようにできているのです。

プロジェクトチームのスローガンが「ひらけ!! 築地本願寺。」ならば、もっと開かねばなりません。そして「開いている」ことを、こちらから伝える努力をしなければなりません。「宣伝なんて安っぽい、下品だ」と言っているのは、独りよがりのプライドで、誰の役にも立たないものです。

ビジネスの世界でも、「うちは老舗だから広告なんか打たない。価値がわかる人にだけ来ていただければいい」という企業は、顧客が減りどんどん消えていきます。

お寺もまったく同じです。「合同墓の申し込みが順調に増えている」と言ってただ喜んでいたら、ただのブームとしてすぐに終わります。永代にわたる法要をお引き受けしているからには、長年にわたってご縁をつないでいくのはお寺の責任でもあります。

人を動かすとは日々の積み重ねで、宣伝をし、おすすめをし、声掛けをしてまた来ていただいて初めて、ご縁が増えます。「ただでさえありがたいお寺が、リブランディングまでした。放っておいても人が集まってくる」というのは勘違いであり、人に寄り添う姿勢とは言えません。

「開かれた寺」になるためには、もっと大切なことがあります。それは自分の姿勢のみならず、自らの心を開いて、虚心坦懐に人々の話を聴くことから始まります。調査の結果からは、築地本願寺が築地の地元の皆さんからあまり愛されていないことがわかりました。まずは地元に愛される存在にならなければ、お寺は成り立ちません。地元の人たちでさえ、敷居が高い、入りにくいなどのイメージを持っていることを知り、そうした印象を変える取り組みをしているところです。築地市場の跡地再開発の動きにも注目しながら、地域との連携を強化していきます。

お寺の中には古い考えも残っていますし、「寺はビジネスじゃない」と反対されることは日常茶飯事です。それでも私は大丈夫、うまくいくと思っています。なぜなら築地本願寺に関わる者は皆、蓮如上人の改革を引き継いできた仏弟子たちです。門徒を増やそうと毎朝何百枚も「南無阿弥陀仏《なもあみだぶつ》」と書いて配った先見の明と、「御文章」という文書伝道を積極的にした広報宣伝力、バイタリティとひたむきさを受け継いでいるはずなのです。

リブランディングをしてご縁をつくるのは、サバイバル戦略のごく一部です。赤字が出ている赤信号の〝カンパニー〟としては、同時に次の手も打たなければなりません。

次の手とはしっかりと「ご縁をつなげる」こと。ご縁をつなげていけば、いずれ築地本願寺は「人生のコンシェルジュ」になれると私は考えています。もともと、伝統的にお寺の僧侶は、人々の人生のコンシェルジュだったのですから元へ戻るだけです。

顧客との関係を継続していく――そのための取り組みを、第3章でご紹介しましょう。

第3章

お寺は「人生のコンシェルジュ」

——顧客とつながるマーケティング

ご縁はつくって、つなげるもの

女性シンガーAIのデビュー20周年記念ライブを開催

レーザー光線で照らし出された黄金のご本尊は、見慣れているはずの私の目にも荘厳で、特別に美しく映りました。大地から響いてくるような力強い歌声はシンガーのＡＩさんと、23名のミュージシャン。その多くは全米で活躍するゴスペル聖歌隊です。

２０１９年11月10日、「ＡＩ20周年記念プレミアムライブｗｉｔｈゴスペル聖歌隊」が築地本願寺で行われました。

ＡＩさんの魅力であるハスキーな中低音と、ゴスペル聖歌隊の深みがあるのに明るさが漂うコーラスが、４００年の歴史を持つお寺で繰り広げられる……。意外な取り合わせに観客も魅了され、誰もがすっかり引き込まれているようでした。

築地本願寺では、「広く一般の方に知ってもらおう」という気持ちで、仏道布教に貢献できると考えられる場合に限りコンサートやイベントの会場として場所を提供しています。

「宗教とエンターテインメントは水と油ではないか」

このような意見もありますが、私はそうは思いません。

たとえばアメリカのキリスト教の礼拝は、まるでコンサートのように行われることもしばしばです。福音派、長老派といった信者が多数集まるメガ・チャーチ（巨大教会）では、ミサの場として何千人も収容できる大きな会場を使います。ステージではロックのような場を盛り上げる音楽が演奏され、観衆がノッてきたら、おもむろに牧師が登場します。

「ヘーイ！　みんな元気かい」

巧みな話術で笑わせ、沸かせ、信者たちの心をぐっとつかんだところで、「イエス様の教えとは……」と聖書についての話をします。私も本で読んだりテレビで見たりした範囲の知識ですが、どの牧師さんもまるでプロのMCのように話がうまく、不思議なことにたいてい「イケメン」です。トークの達人であるイケメン牧師による、心のもやが晴れるような宗教的ないいお話が終わったら、再びミュージシャンが登場して、歌や踊りで盛り上げる。まさにエンターテインメントだと感じます。それでも最後になると信者たちは心の安らぎを得て、「イエス様の教えに従って正しく生きよう」と、寄付をして帰っていくのですから、立派な宗教儀式でもあります。

アメリカというのは合理的に見えて、実は非常に宗教的な国です。17世紀のイギリス

（イングランド王国）の国教会に背き、自分たちが信じるプロテスタントを理想とする人たちが建国した国とも言えるのですから、政治、経済、生活の中にも宗教が根付いています。西部開拓時代から、日曜になると一家揃って教会に行き、牧師さんのお話を聞いた後、大人たちはお茶を飲み、子どもたちは日曜学校で学ぶという伝統もありました。

心が静かに安らぐこと、心がわくわく躍ること、心をしっかり整えること。宗教は人の心に寄り添うものですから、そのどれもがあっていいのではないでしょうか。心躍らせ、楽しくなることだけが「けしからん」というのは逆に不自然な気もします。

もちろんアメリカと日本では文化が異なりますし、私はアメリカのメガ・チャーチのやり方を真似るつもりもありません。ただ、広く門戸を開いて、いろいろな人に興味を持ってもらうきっかけを増やしたいと願っており、現代には現代に合った門戸の開き方があると考えているだけです。築地本願寺がＡＩさんのようなミュージシャンとコラボレーションするというのは、まさにその一環と言えるでしょう。

ゴスペルはもともとキリスト教の福音音楽で、昔からあったクラシック音楽や賛美歌に黒人音楽をミックスして発展していったと言われています。そのため「音楽をやるのはまだいい。でも、なぜ浄土真宗のお寺でキリスト教の音楽なんだ？」という反対の声もありました。しかし、「さまざまな文化と融合していく時代に合わせて、仏教も変化していくべきだ」という意味で、ＡＩさんのコンサートは築地本願寺流の〝新しい法要〟でもあったのです。具体的には、コンサートの前に法要を営み、法話を行いました。15名の僧侶たちによる伝統に則った浄土真宗の仏徳讃歎《ぶっとくさんだん》の讃仏偈《さんぶつげ》の法要でした。

また一般の観客は私の法話を心静かに、時にはうなずきながら、聴いてくださいました。おそらく築地本願寺に来られたのは初めてという方が大半です。少しでも仏様に触れていただくご縁になったと思います。

当日のコンサートも大盛況のうちに終わりましたが、後にＮＨＫで放映されると、これも大きな反響がありました。

「テレビで見て、あまりにもきれいだったから、実物をじっくり見たくて」

そう言って後日、お参りに来てくださった人も少なからずいたほどです。やはり広く門戸を開けば、いろいろな人との出会いが待っています。

実は、明治維新期に欧米を熱心に視察して回った浄土真宗本願寺派第22世法主、大谷光瑞（鏡如上人）は、キリスト教のさまざまな宗教音楽に啓発され、帰国後、仏教讃歌を数多くつくらせ、「みほとけにいだかれて」や「恩徳讃」など今日でも多く歌われるようになる土台をつくられています。仏教を伝道するうえで音楽はもっと活用されてよいはずだと考えています。たとえば、ロックやラップのリズムで仏教讃歌が歌われてもよいと思います。

パイプオルガンの無料コンサート

古代インド様式の本堂、ステンドグラスや動物の彫刻と、「日本のお寺らしからぬ」と言われることが多い築地本願寺ですが、本堂にあるパイプオルガンもその印象づくりに一役買っています。150年前から伝道教化のあり方を見つめ直してきた仏教界にあって、パイプオルガンもその流れの中にあります。築地のパイプオルガンも仏教伝道の現代化の証であり、現在の築地本願寺の取り組みも、現代化の歴史の流れの中にあります。

このパイプオルガンは、1970年に仏教伝道協会から寄進された旧西ドイツ・ワルカー社製のもので、長いものだと3メートルもある2000本のパイプはまさに圧巻です。表に見える左右のパイプが48本ずつあるのは四十八願を、左右合わせると6つの山を描いているのは「南無阿弥陀仏」の6文字を表しています。

何より荘厳で素晴らしいのはその音色で、月に1回最終金曜日に無料の「ランチタイムコンサート」を開催しています。仏教讃歌やクラシックを、パイプオルガンをはじめ、バイオリンやチェロ、歌唱とともに楽しんでいただく——このイベントは大好評で、近隣からだけでなく遠方からも、リピーターが訪れます。今後は夜にも特別オープンし、パイプオルガンコンサートをやろうという計画もあります。イベントに人を集めることは大切ですが、リピーターがつくというのはもっと大切なことです。

イベントで大切なのは「ご縁をつなぐこと」

コンサートのほかにも、築地本願寺ではいくつかのイベントを行ってきました。たとえば、ひろさちやさんや五木寛之さんに仏教のお話をしていただく仏教文化講座。著名人のいい話を聞きたいと、人はわっと集まります。

「宗務長、すごいですよ。今回は800人集まりました」

就任まもない頃、何かのイベントで報告があった時、私はこう聞き返しました。

「それで何人のデータが集まった？」

しかし担当の僧侶は、「データ？　それはなんでしょうか」という表情。どのエリアの、どの年代の、どんな属性の方々が集まってくれたのか——一般企業であれば「顧客情報を得ることがイベントの目的」というケースも珍しくありません。お寺では、一度結んだご縁を次の仏縁に結びつけ、少しでも仏法に触れていただく努力が必要です。その点でビッグデータの重要性と価値は私が述べるまでもなく周知のこと。顧客情報とはどの企業でも喉から手が出るほど欲しい貴重なものですが、「お寺はビジネスではない」と断言する築地本願寺では、長い間、誰一人として意識していませんでした。「たくさんの方が法話を聞きに来てくださって、よかった！　また来てくれるだろう」でおしまいなのです。

　会場のしつらえ、安全性、講演者へのお願い、当日の人の整理、雨風や暑さへの配慮など、イベント開催には骨が折れることが多くあります。それをその日の盛り上がりだけで終わらせてしまうのは、次のご縁の創出の機会を失うことになります。

　無料のイベントならまだしも、お葬式をしてくださった方、毎年法要をしてくださる門徒の情報も、データの重要性が理解されていなかったため、十分に管理されていない状況でした。ＣＲＭ（顧客関係管理）はビジネスのいろはの「い」で、英語だとご存知のとおり、Customer Relationship Management。顧客との「関係」を大切にしなければ、ご縁をつなげることなどできるわけがありません。

「人が集まったから大成功」というのは高校の文化祭くらいのもので、それがビジネスであれば、今後につなげていくしっかりとしたシステムが必要です。

ＣＲＭシステムの構築には、ＳＥ経験のある東京教区の住職である藤澤克己さんや、櫻井大雄さんに大変貢献していただきました。

顧客が「次に欲しいもの」を差し出すのがサービス

１日平均４０００人の参拝者が境内の改装によって８０００人に倍増しても、全員がお寺と関わるわけではありません。ちょっと入ってみて、通り過ぎていくだけの人が半分はいるでしょう。しかし半分は、お参りをしたり、カフェを利用したり、お洒落なお香を買い求めたりしてくれるはずです。「流動数が増えれば売り上げが上がる」というビジネスの原理がここにも働くわけですが、これはお寺が人々に寄り添うことにもつながります。

たとえば若い夫婦がいて、インスタ映えする「18品の朝ごはん」を目当てにカフェTsumugiを訪れ、ついでにお参りをしたとします。その時点で、築地本願寺は「なんとなく親近感があるお寺」になります。

その後、赤ちゃんが生まれたタイミングで、「子どもが初めてお寺にお参りする、初参式のご案内」が届けば、「ああ、行ってみようかな」と足を運んでくれるかもしれません。

仏教にとってお釈迦様の誕生を祝う4月の「はなまつり」は大きなイベントであり、その際に行われるのが子どもの健康な成長を念ずる稚児行列。神社でもお寺でも行われる日本の伝統行事といっていいでしょう。お稚児さんになるのは、10歳未満の子どもたち。髪飾りを揺らし、伝統衣装に身を包んだ姿は愛らしく、「うちの子もぜひお稚児さんにしたい」という参加希望者が絶えません。枠が少ないので募集後、定員はすぐに埋まってしまい、なかなかご案内できないのが現状ですが、今後、稚児行列の規模を大きくすれば、たくさんの子どもたちが参加できるようになります。

初参式を築地本願寺で行った若いご夫婦のもとに、稚児行列のご案内ができれば、「初めてお寺に行った時はベビーカーに乗っていた子が、もうこんなに大きくなってお稚児さんになる」と喜んで参加してくれるかもしれません。

その子が成長し、成人式、結婚式をお寺で行うこともあるでしょう。やがて若かったご夫婦が親御さんを看取る年齢になり、「お葬式はどうすればいいか」と悩んだ時、そこで不安や悩みに応える存在として、築地本願寺は役に立てるかもしれないのです。

このように人生の節目のライフイベントには、お寺が関われることがたくさんあります。若いご夫婦を例に取りましたが、今は「相手を求めて婚活をしてもうまくいかない」という人もたくさんいます。かつてのお寺がそうであったように、お見合いのお世話係になり、文字どおりご縁をつなげてもいい。そんなアイデアもあり２０２０年７月より「築地の寺《てら》婚《こん》」という名称の結婚相談所をオープンしました。

　さまざまなやり方でご縁をつくったら、ご縁をつなげていく。ライフステージごとに先回りしてサービスを差し出したら、築地本願寺は多くの人にとっての「人生のコンシェルジュ」になることができます。「人生のコンシェルジュ」になるとは、お釈迦様が対機説法という、一人ひとりに寄り添って仏法を説いたことを現代的に翻訳したものとも言えます。仏教を広めるために、一人ひとりに寄り添い、その人に合った方法でお釈迦様は接したわけです。そうしたサービスにお寺として取り組んでいこうとするものです。

　ホテルのコンシェルジュは、レストランの予約から地元のおすすめスポット案内まで、顧客のあらゆる要望に応えるプロフェッショナルとして知られています。彼・彼女ら以上にかゆいところに手が届くサービスができる、人生のコンシェルジュ。目標に届くまではまだ時間がかかると思いますが、前に進んでいることは確かです。

　築地本願寺の職員もノートパソコンを手に、ＣＲＭ（顧客関係管理）データの整備に取り組み始めており、徐々に成果が出つつあります。ＩＴ環境が変化したことによって、職員のマインドセットも明確に変わりつつあるのです。

サテライトテンプルを銀座につくる

「プロダクトアウト」と「マーケットイン」が重なり合う

「『寺と』プロジェクト」は、経営用語でいう「プロダクトアウト」の発想から「マーケットイン」の発想へと変えていく試みです。

念のために説明すれば「プロダクトアウト」とは、その企業がもともと持っているもの、すぐに提供できるもの、つくるのが得意で提供したいものを市場に出すこと。今までの築地本願寺もプロダクトアウトでした。

「マーケットイン」は市場のニーズをマーケティングなどで把握したうえで、本当に人々が求めているものを、人々が求めているかたちで市場に出すこと。これからの築地本願寺はここを目指します。

そこで実現したのが「『寺と』カフェ」のTsumugiであり、「『寺と』お墓」の合同墓ですが、「『寺と』プロジェクト」はそれだけでは終わりません。

ご存知の方も多いと思いますが、プロダクトアウトとマーケットインは、必ずしも相反するものではありません。企業側が得意でつくりたいものが、市場の欲しいものと合致することもあり、それがヒット商品になったりするわけです。

築地本願寺の場合はお寺ですから、仏教、浄土真宗の教義、法要や葬儀、お墓についての蓄積は膨大であり、「死とはどのようなものか」の教えもしっかりと理解しています。猛反発を承知であえて書けば、これらは築地本願寺が「得意でつくりたいもの」と言っていいでしょう。

そして「葬儀、お墓、死とはどのようなものか」は、世界一の少子高齢化社会、日本市場の「欲しいもの」でもあるのです。

どのようなかたちで提供するかはマーケットインの観点で工夫せねばならず、それを具現化したのが「合同墓」だと思います。

そして私たちはお墓や葬儀だけではなく、「エンディングステージ全体」を提供してはどうかと考えていました。エンディングステージの要素は多岐にわたり、市場が求めているにもかかわらず、築地本願寺に足りない部分はたくさんあります。また、提供の仕方は慎重に工夫を凝らさねばならないでしょう。

そこで生まれたのが「エンディングステージのワンストップ拠点化」です。これから死に向かって歩いていく人たちは、いろいろな相談事があるはずです。誰に頼ればいいのかわからない時、築地本願寺に行けばすべて解決する――こんな態勢を整えたら、喜んでくれる人が大勢いるはずです。

「エンディングステージのワンストップ拠点化」を目指すにあたって、インフォメーションセンターのご相談窓口やコンタクトセンターの電話受付を設けましたが、十分ではありません。

忙しい人がいつでもどこでも情報にアクセスできるよう、シンプルに見やすいウェブサイトにリニューアルし、さまざまなご案内がわかりやすくなるようにしました。法要や相談の受付も現在はコンタクトセンターから電話で行っていますが、すぐにウェブからできるようにしていきます。そして一番の要となるのは、すでにご紹介している会員制度、築地本願寺倶楽部です。

築地本願寺GINZAサロンのオープン

２０１６年の５月、築地本願寺ＧＩＮＺＡサロンがオープンしました。改革案の５つ目です。当時建設中だった合同墓やインフォメーションセンターに先駆け、『寺と』プロジェクト」の中で築地のすぐそばの銀座2丁目の中央通りに面したビルの5階に最初にできた具体的な施設です。

ＧＩＮＺＡサロンは、ロゴや内装デザインなどを中山ダイスケさんにお願いして銀座らしいおしゃれなものにしています。

「生きがいサポート」として学びと体験の場を提供。「こころ・仏教・教養・体験・終活」の5つのジャンルを合わせて「ＫＯＫＯＲＯアカデミー」としていますが、平たく言えば、築地本願寺がやっているカルチャーセンターのようなものです。

「こころ」は日常的なお悩みの解決のヒントもありますが、会社帰りのビジネスパーソンに立ち寄ってもらうことも想定し、アンガーマネジメントやＮＬＰ、ＴＦＴ（思考場療法）、コーチング等の講座もつくりました。

「仏教」のジャンルならあらゆる講座が用意できますが、ここはマーケットインで、あえて「仏教」に関する講座数は全体の3分の1以下に抑えています。築地本願寺でも「常例布教」という仏様や親鸞聖人についての法話を無料で行っているので、そちらをご案内することもあります。

「教養」は旬のテーマや歴史講座など、考えるキッカケをつくるためのもの。

「体験」が一番人気で、手を動かし、体を動かし、心を動かすもの。書道、茶道、生花もありますが、健康志向を反映してか、人気があるのはヨガ、身体感覚、太極拳の講座。馴染みやすいものですし、実際に体を動かすと効果がすぐにわかるのがいいのでしょう。講師の指導によって体をゆるめて開く体操を自分で行うと、本当に顔の歪みがなおったり、体の疲れが取れたりする「身体感覚講座」など、特に大人気ですぐに申し込み枠が埋まってしまいます。

「終活」は、相続、遺言、葬儀、お墓など、自分で人生のエンディングを考える無料の講座です。

ＧＩＮＺＡサロンのオープン後10カ月は「知っていただいて新たなご縁をつくる」という考えですべての講座を無料にしたところ、申し込みが殺到しました。「何度も申し込んでも受講できない」と不満の声も聞かれるようになりました。「無料だから」と１人でたくさんの講座も受けている人もいたので、思い切って有料化しましたが、受講料が決まるまでが激論でした。

「銀座の一等地でやるのですから、２０００円でも安いくらいです」と私は主張しましたが、「お寺は会社ではない！　金儲けはいけない」という意見が通り、今では１講座１

０００円いただいています。その途端「無料だからたくさんの講座を受講する」ということもなくなり、バランスも整いました。

それでもまったく利益にはなりません。銀座の家賃を考えれば、完全な赤字です。オープンにあたっては、「こんなにお金をかけてサロンを開く意味があるのか？」という、厳しい議論もありました。「意味がありました」と言いながら、今もその議論は続いています。ただ、こうした活動によってサロンの会員が６０００名集まった実績がわかってからはそうした表立った内部の批判の声は小さくなっていきました。

しかし、「人生のコンシェルジュになる」という壮大な目標がある以上、人々が心豊かに生きるための講座を用意するのは当然のことです。そして市場のニーズを知るという意味では、どんな調査会社にも勝るマーケティングができる場だと、ビジネス的な計算も抜かりなくしているのです。

サロンの僧侶が相談に応じる「よろず僧談」

築地本願寺ＧＩＮＺＡサロンで行っているのは、ＫＯＫＯＲＯアカデミーの講座にとどまりません。仏事やお墓のこと、そして生活の不安や人間関係の悩みに個別に相談できる

「よろず僧談」という機能を備えています。

第1章で、「人は心の拠りどころを求めるもので、宗教にはそれに応える役割がある」と述べました。昔は困ったことが起きるたびに、人々はお寺の住職に相談していたのです。

しかし時代は変わりました。宗教離れが進んだ現代は、お寺と人々とのつながりはなくなり、「困ったらお寺に行こう」という話も聞きません。

文明が進んだぶん、悩みや不安は消えているのかと言えば、そんなことはありません。病や死は人の永遠の課題です。パワーハラスメントやセクシャルハラスメント、格差や貧困や孤独など、問題は減るどころか増えている気がします。

かように悩みを抱えた現代の人が、お寺以外のどこに相談に行くかと言えば「頼る場所がない」というケースがほとんどでしょう。東日本大震災や熊本の豪雨被害、そして新型コロナウイルスによる災厄など、大きな不幸に見舞われた時も「心のケアができる場がない」と盛んに言われます。

心療内科や心理カウンセラーなど専門家もいますが、欧米ほど普及してはいないでしょう。身近にいる家族や友人、会社の上司や同僚になんでも話せるかと言えば、距離が近いだけに頼りにくかったりします。

「コミュニティの中心として心の拠りどころになるのは、今こそお寺の役割だ。それならどういうふうに役割を果たせばいいのか？」

これは私がずっと考えてきた大きく大切なテーマでもありました。いまだベストの方法を模索中ですが、第一歩として始めたのが築地本願寺ＧＩＮＺＡサロンの僧侶が相談に乗る「僧談」です。

「僧談」には、当初から、石川勝徳部長（現教化育成部長）、秦明人部長（現法要行事部長）、柳田直道主事らが深くコミットして、さまざまな相談来訪者の支援に従事しています。

21世紀の寺がコミュニティの中心になる

「僧侶への信頼」というブランド価値

「僧談」は誰でも無料で受けられます。「ＫＯＫＯＲＯアカデミー」は築地本願寺倶楽部の会員のためのものですので、会員登録さえしていただければ誰でも僧侶が相談にのらせていただきます。

始めたばかりの頃は私も僧談に応じていました。そこには実にさまざまな人がやってきます。「お寺に悩み相談にくる人が、こんなにたくさんいるなんて」と、言い出した私が驚いたほどです。

「相談といっても、お墓は、葬儀は、という話ばかりだろう」という予想もあっさりと覆され、多くが人間関係のかなり深刻な悩みでした。職場や家族のいざこざ、中には悪質なパワハラや、「連れ合いの様子がおかしい。心の病気ではないか」という専門家でないと判断がつかないものもありました。

僧侶は仏教の専門家であり、精神科医や臨床心理士ではありません。基本は「お坊さんがあなたのお話をお聞きします」というスタンスです。宗教上の答えを提供するというルールのもと、「親鸞さんの教えでは～」「仏様は～」と、仏教上の知識を紹介するようにしています。たとえば「嫁との関係がうまくいかない」という悩みに対して、「仏様はいつも皆さんと一緒にいらっしゃいます。憎いお嫁さんもあなたも、一緒に仏様に照らされているんですよ」と答えるという具合です。

だいたい60分ほどですが、僧談の部分はごくわずかで、ほとんどは相談者がわーっと言いたいことを言い、ひたすら傾聴する。それでも皆さんが晴れやかな顔になって帰ることがほとんどです。

おそらく誰もが、「最終的には自分で解決しなければいけない」とわかっていて、それでも「誰かに聞いてほしい」という思いがあるからでしょう。だから口に出すだけですっきりするのかもしれず、私たち僧侶は何もお話しせず、聞くだけで終わることも少なくありません。

そしてどうやら、僧侶は話しやすい相手なのです。会社の人事課の担当者に「なんでも話してください」と言われても言葉に詰まってしまう人でも、法衣を纏った僧侶の前だと、不思議とすらすら話せる効果があるようです。

宗教は嫌いだ、坊主丸儲けだと言いながら、お坊さんに話を聞いてもらうだけでも心がほっとする人たちがいる――そういう意味では、僧侶にはまだ〝信頼感というブランド価値〟が残っているのでしょう。

「こちらから教義の話をしなければ門徒になってもらえない」

ビジネス視点で考えればそうなるのかもしれませんが、私はかまわないと思っています。目の前のモヤモヤした不安が取り除かれなければ、仏教だろうとなんだろうと興味を持てないでしょう。

僧侶の役割は、法要や葬儀など特別な時に、心に染みる法話をし、「お坊さんにいいお話を聞かせてもらった」と門徒に感動してもらうことも大切ですが、日常的に人々の心を落ち着かせることも同じくらい、いいえ、もっと大事な役割です。それもまたお寺の大事な〝仕事〟と言ってもいいほどです。

だから私は「体操やアンガーマネジメントとお寺は関係ない」とも思いません。すべて、心をやわらかく整えるというお寺の〝仕事〟を、昔ながらのプロダクトアウトなやり方でなく、今の時代に合わせたマーケットインで執り行っていると捉えています。

銀座という街中にあって気軽に入れるＧＩＮＺＡサロンは、こうして築地本願寺のサテライトテンプルになっています。

科学と仏教がタッグを組む――グリーフケアがスタート

すべての問題が仏教の教えで解決するわけではありません。

「上司にこう言われて、もう死にたいと思っている」と一点を見つめているような相談者に、安易なアドバイスはできません。「死にたいと思いつめるのではなく、お医者さんや周りの人に相談してみてはどうでしょう」という話をするくらいで、そもそも僧談は、「こうしなさい、ああしなさい」とは絶対に言わないことになっています。

さらに専門家の力も借りることができたら、いっそう重たい心を抱えた人たちの力になることができます。そこで２０１９年から武蔵野大学の臨床心理学の教授たちにお願いし、築地本願寺ＧＩＮＺＡサロンで「グリーフケア講座」を持ってもらうことにしました。教授たちは精神科のドクターなので医学的な対応が可能です。「悩んでいると眠れなくてつらい」という人には、しかるべき薬の処方箋を書いて差し上げることもできます。

お寺は死に直面する人々が訪れる場所でもあり、２０２０年7月からは本格的なグリーフケアの個人カウンセリングを始めました。

悲しみを癒すグリーフケアは大切なものですし、相談機能はもっと強化していきたい。いずれ築地本願寺に常設でグリーフケアの窓口をつくる、心療内科のクリニックをつくるといった広がりがあってもいいでしょう。

精神医学や臨床心理学という科学と、浄土真宗本願寺派という仏教がタッグを組む。これは突飛な発想かもしれませんが、どちらも心のケアのプロであるなら、領域に拘らずにどんどんボーダレスになっていいのではないでしょうか。総合的に人々の悩みや悲しみに寄り添うこともできますし、仏教アレルギーで「お坊さんに相談するなんて怪しいから嫌だ」という人であっても、幅広く受け入れることができるようになります。

エンディングステージのワンストップ拠点化を目指す

相談のハブになる「終活サポート」

ＫＯＫＯＲＯアカデミーの終活講座では、相続、遺言、葬儀やお墓について無料の講座を行っていますが、「個別に相談したい」というニーズもあります。なぜなら終活とは、その人の人生全般と価値観、家族関係、お金の事情が関係してくるものだからです。ごくプライベートなことばかりなので、その点は配慮しなければなりません。事情は本当に人それぞれで、やはり一対一のカウンセリングが合うのでしょう。

私自身60代半ばで、まさに終活世代です。年に2人や3人、同世代の友人の訃報が入るようになっています。「自分の死がいつ来るかはわからないけれど、それまでにやっておくべきことはたくさんある」と自分事として考えてもいます。

たとえば身の回りの片付け。今のところ妻のおかげでなんとかなっていますが、仮に私が一人暮らしになったら、たちまちゴミに埋もれるに違いありません。片付けコンサルタントのこんまりこと近藤麻理恵さんが大ブームを引き起こしたことでもわかるとおり、日本人の多くは「きちんと身じまいして旅立ちたい」と思っていますし、私もその一人です。「高齢になって一人で片付けられない」という時、信用できる専門業者がいたら、頼みたい人もいるでしょう。

また、生涯結婚しない人たちが増えており、結婚していても連れ合いと二人同時に旅立てるわけではありません。子どもはいないかもしれないし、いても関係が良好とは限りません。このような一人で死を迎える人たちや、家族がいても「子ども世代、孫世代に迷惑をかけたくない」と思う人の中から、あらかじめ死後の遺品整理を手配しておきたいという希望も出てくるでしょう。

財産分与、相続、認知症になるなど介護が必要になった場合の成年後見人制度の利用、不動産の名義変更、銀行口座やクレジットカードの閉鎖、死亡届の提出と年金受給の打ち切り、スマホの契約やインターネットのアカウントはどうするかなどなど、「死に際してやるべき手続き」は膨大にあります。行政書士や弁護士がいて全部任せられたら安心ですが、顧問弁護士を個人でつけている人はそうそういません。

あるいは、「終活にあたってどんな資金計画を立てればいいか」という疑問に、ファイナンシャルプランナーからアドバイスをもらいたい人もいるでしょう。また、「自分らしい葬儀をしたい」というこだわりを持っているなら、亡くなる前にいろいろと式の準備をしておきたいはずです。さらに正式な遺言状のほかに、子どもたちや孫にお別れの手紙も書いておきたい……。

こうしたことをまとめられるのが「エンディングノート」です。書店に行けばコーナーがあるほどたくさん売られています。仕事柄の興味もあって私も何冊か購入しましたが、いまだ書けていません。

なぜなら、やるべきことを整理し、記入するだけでも一苦労だからです。健康な私でも「こりゃあ大変だ」と思うのですから、病を得て治療を受けながら書くのは大変です。

さらにエンディングノートを書いて終わりでなく、書いたことを実行しなければなりません。「頼めるプロ」を探そうとしたら、弁護士だけ頼むという場合でさえ、相当にしんどいはず——もしかすると不可能かもしれません。

そこで私たちが考えたのが、終活サポートです。終活の疑問や不安を解決していくサービスです。築地本願寺が〝相談のハブ〟になって、信用のおける専門家を紹介する仕組みをつくれば、エンディングステージのワンストップ拠点化が実現します。

損保や新聞社とのコラボで「終活サービス」を提供

築地本願寺倶楽部の会員向けの終活サポートでは、相談のハブになるばかりでなく、メディカルサービスも提供しています。「夜中にちょっと具合が悪くなった」という時に専用ダイヤルに電話をすると、救急医や看護師が応対するというものです。

これは築地本願寺が契約している東京海上日動のメディカルサービス。私たちは医療の提供はできませんが、専門家のハブになることで、会員に無料でサービスを受けてもらえるようにしました。

面白いところではエンディングにあたって「自分史」を書籍化するサービスがあります。これは朝日新聞社と協力しています。「自分で書くのは苦手だ」という人は、元ベテラン新聞記者のライター（編集者）に自分の一生の歴史を話して、代わりに書いてもらうこともできます。ライターの多くは朝日新聞のＯＢ記者ですから、文章を書く腕は確かです。

また、本には朝日新聞の記事や写真が掲載できるということも喜ばれているようです。

築地本願寺倶楽部の会員に提供されるものには、「生前の法名申請」「合同墓申し込み」「終活サポート」といった〝いかにもお寺らしい機能〟もありますが、カフェや提携ホテルの割引、KOKOROアカデミーの受講、メディカルサービスなど、「えっ、それがお寺とどう関係するの？」という機能もあります。

会員の中には「お寺という感覚なしにサロンを楽しんでいる」という人もいます。浄土真宗において祈祷は認められませんし、おみくじやお守り、御朱印の類も教義に反するので扱いません。だからますます「布教とは関係ないことをやっている」という印象になるのかもしれません。

しかし、日常のあらゆるシーンでお寺と接点ができ、楽しみや悩み相談を通してつながりが深まっていけば、多くの人たちに「お寺って頼りがいがある存在だ」と思ってもらえるでしょう。そうやって付き合い続けていくうちに、ごく自然に浄土真宗に触れる機会も増えていくはずです。

これまで長い間やってきたような、檀家制度の前提の中ですでにいる門信徒だけを対象に、ひたすらお経をあげて法話をする一方的な付き合いよりも、より深く信仰を伝えることができるかもしれません。だから私は「『寺と』プロジェクト」を、「新しい伝道布教活動です」と説明していますし、「顧客創造である」と考えているのです。

さまざまなかたちの「顧客創造」を目指す

eラーニングの寺子屋「お寺の学び舎《や》」

　大人の学びについては築地本願寺やＧＩＮＺＡサロンで提供する講座のほか、ウェブを活用したオンライン講座にも力を入れています。忙しくてお寺やサロンに行けない人でも、いつでもどこでも好きな時に学べるシステム作りは大切です。産業革命以上に社会を変えたのがＩＴ革命とも言われ、今の世の中に生きている以上、お寺だろうとなんだろうとインターネットの恩恵を活用しない手はありません。

　子ども向けには現代版の寺子屋「お寺の学び舎《や》」をオープン。両国にある築地本願寺慈光院を会場とし、お寺ならではの礼儀作法や感謝の心を育むことができます。ここでもパソコンを完備し、クラウド型学習教材（「すらら」のオンライン学習システム）を活用。子どもたちの横では僧侶が見守りを行います。

これは教育支援であり、地域とのつながりを持ち、社会とご縁をつくる活動です。将来的にはもっと多くのお寺に広げていくプランもあります。

この「お寺の学び舎」プロジェクトは、築地本願寺の秦明人部長や三谷智顕賛事、諸岡慶美主事のチームワークによって順調にスタートして、約20人の地元の小学生を受け入れて、活動が定着しています。

ＬＧＢＴカップルの仏前結婚式も大歓迎

浄土真宗の教義は「すべての生きとし生けるものを救う」という幅広いものです。いろいろな生き方がある多様性の時代に、いろいろな悩みに答えていく使命がある。私はそう考えています。

たとえばＬＧＢＴが許されない宗教はたくさんあり、言われなき差別や偏見も根強くあります。アメリカでは１９７０年代からＬＧＢＴの結婚式が行われるようになりましたが、キリスト教のいくつかの会派やイスラム教では恋愛すら認められていません。

カリフォルニアの浄土真宗本願寺派のお寺では１９７０年代からＬＧＢＴの方々の結婚式が行われています。挙式したカップルはその後も門信徒となってお寺に所属され活動されています。

誰を愛するかはその人の自由であり、愛する人と一緒になる時、儀式を行いたいと思うのは特別なことではありません。それが異性間であっても同性間であっても同じことです。ＬＧＢＴのカップルから「築地本願寺で結婚式をやりたい」との申し込みがあった時、私はぜひ引き受けたいと思いました。築地本願寺の仏前結婚式は人気があり、春秋の結婚シーズンには1日2組の式をお受けする日もあります。

「いいじゃないですか。ライフイベントに寄り添うということで仏前結婚式はもっと増やしていきたいと思っていますし、それがＬＧＢＴのお二人であっても教義上、何の問題もないですよね」

伝統的な組織ですから、京都の本山に意見を求めたり、教義として本当に問題がないかの議論があったり、「ダメという理由はないけれど、なんとなくやりたくない」という一番頑固な思い込みの壁を砕いたり……。宗派内の手続きは慎重にやっていかなければなりませんが、こうしたニーズがあるなら、それに応えるのも寺の役割です。２０１６年10月、第一号のカップルの結婚式（正式には、法律上の結婚ではないので「パートナーシップ仏前奉告式」）は厳かに華やかに行われましたが、今後はもっと増えていくでしょう。

浄土真宗で救われるのが「すべての生きとし生けるもの」であれば、現代における家族と言えるペットの葬儀も、「すべての衆生を救う」という教義のうえからは問題がないはずです。犬でも猫でもハムスターでも、皆等しく命あるものだからです。

これもまた前例はないし、理屈抜きに「そんなことはあり得ない」という古い考え方の僧侶は大勢いるので、実現までは遠い道のりかもしれません。

しかし、多くの方が自分のかわいがってきたペットの死を悼み、法要をしてあげたいと思っている以上、その思いに寄り添うことが僧侶の使命であり、希望をかなえて差し上げる必要があるものと思います。これもまた新しい「顧客創造」であり、新しいかたちの門信徒の創造を促し、宗教の教義の懐の深さを広く伝えることになるのではないでしょうか。

結婚相談所「築地の寺婚《てらこん》」で縁結びをお手伝い

築地本願寺では、「築地の寺婚」と名付けた結婚相談所も展開しています。

申し込みを検討されている方には、まずは担当者との面談で、性格や趣味、お仕事、結婚観、希望する異性の条件やタイプを伺います。またこちらからは、ご成婚までの流れがイメージできるよう、サービス内容をご説明します。

サービス内容に納得いただけて寺婚会員にご入会となれば、婚活スタートです。その方の魅力を引き出すプロフィールを婚活のプロ目線でご一緒に作成します。

ご登録者の中で気に入った異性がいればお見合いの申し込みをして、婚活カウンセラーが間に入ってお見合いをコーディネートします。また、日本結婚相談所連盟の加盟相談所に所属する会員だけに参加資格を限定した、会員限定のお見合いパーティも開催しています。出会いから交際に至れば、交際中も婚活カウンセラーがお相手の担当カウンセラーと連携して、お困りのことや悩みがあれば、いつでも対応します。

めでたくご成婚となれば、ご希望に応じて、ブライダルに関する準備やご成婚もお受けする、という仕組みです。

おそらく、相手探しからご成婚までの仕組みやサービスの内容は、他の結婚相談所と大きくは変わらないかと思います。

それでも、お寺に相談し、お寺が相談を受けている会員ならばおかしな人はいないのではないか、という築地本願寺というお寺の信用が「築地の寺婚」の強みになっているようです。

考えてみれば、昔から、お寺はそれぞれの地域、地元での「よろず相談所」であり、結婚の仲介の役割も果たしてきました。

築地本願寺では、ご葬儀や法事、合同墓、あるいは終活の相談で、50代、60代やそれ以上の年代の方々のニーズに応えるさまざまな「コンテンツ」が揃っています。結婚相談所「築地の寺婚」は、さらに30代～40代の若い方々に来ていただくための大きなコンテンツのひとつになると考え、力を入れています。

「今」顧客に必要なことを提供する

緊急事態宣言下で生まれた「オンライン法要」

2020年、新型コロナウイルスの感染拡大の影響によって世界中の人々が困難な生活、不便な生活を強いられることとなりました。

東京都では4月7日に「緊急事態宣言」が発せられました。飲食店やデパートが閉まり、学校は休校となり、多くの企業でテレワークが導入されました。私たちが知らなかった世界が、一気に現実として突きつけられたのです。

築地本願寺でも、感染拡大を防ぐために、皆さんに参拝を控えるようにお願いをし、予約法要、一座経法要（個別依頼に基づく読経法要）の受付を休止しました。ご家族、ご親戚が集まり、お寺にお参りするご法事の開催も自粛が求められる状況になってしまいました。

そこで浮上してきたのが、オンライン法要です。

私はかねてから、オンラインで法要を執り行えないかと考え、提案もしてきました。年齢を重ねて体に不安がある人は、なかなかお寺まで足を運べません。しかし、健康不安があってもお参りに行きたい気持ちは元気な人と同じ、いいえ、むしろ強いものです。そんな人たちが自宅や介護施設、病院にいながら法要に参列できたら、どんなにいいでしょう。

また、「多忙でまとまった時間が取れないけれど法要はしたい」というビジネスパーソンのニーズもあるはずです。私にも経験がありますが、海外赴任中に法事のために帰国するのは現実としてなかなか難しいのです。オンラインであればその問題もクリアされます。

ところがずっと、私の提案は却下され続けていました。

「インターネットで法要なんてあり得ないですよ。お寺まで足を運んで、仏様にちゃんと礼拝してお念仏を称えることが大切です。画面越しじゃ感謝の気持ちは伝わりません」

「仮にそんなものを始めたとしても、申し込んで来る方はいないでしょう」

オンラインでのお参りなんてあり得ない、というのがお寺の常識であり、暗黙の了解でした。しかしコロナ禍においては、誰もが「お寺に足を運べない人」になってしまいました。事態が好転することを願っていましたが、残念ながら膠着状態のまま、日は過ぎていきます。

そこで築地本願寺としても、暗黙の了解を取り払い、「一歩踏み込もう、とりあえず、やってみよう」という流れが生まれました。

こうして、オンライン法要の各種の準備を行い、築地本願寺のホームページで告知をすることになりました。このプロジェクトは、2、3年目の若手職員たちが率先して取り組んでくれました。

「5月11日よりインターネットを通じたオンラインでの法要参拝の申し込みを受け付け

ます」

具体的には築地本願寺にてご家族のご法事を行い、その様子をインターネット中継するもので、ご家族はＺｏｏｍ（テレビ電話アプリ）を使用して、約30分の法要（読経と法話）にご参拝いただくという仕組みです。

私たちとしても手探りでスタートしたことでしたが、ホームページに掲載するなり、申し込みが立て続けにありました。オンライン法要を求めている人たちが、確実にいらっしゃったということです。

また、告知のホームページに「お布施額は3万円から」と明記したところ、「お布施はお気持ちが原則で、金額の明示をするのはおかしい」と宗門内で波紋が広がりました。そこでお布施額とするのではなく、冥加金と表現を変更するとともに、布施の趣旨を徹底することにしました。

しかし、金額が記されていたからこそ、すぐに反響があったのだと私は感じています。「インターネットで申し込むのであれば、金額明記はマスト」というのがごく普通のビジネスの感覚だと思います。そもそも3万円というのは、「法事の懇志は『お気持ち』で、と言われますが、実際おいくらくらい用意したらいいでしょう」と聞かれた際に目安としてお答えしている金額であり、秘密でもなんでもありません。

宗門事務方のトップの考えも、かねてから「目安は示したほうがいい」という意見だったこともあり、この機会に築地本願寺内でしっかりと議論しました。その結果、法要、ご葬儀の目安となる金額を『築地本願寺新報』という築地本願寺の月刊の広報誌に掲載することになりました。

ユーチューブ法話で心のありようを説く

「築地本願寺さんで、オンライン葬儀もお願いできませんか？」

オンライン法要が大きな反響を呼ぶ中、ご葬儀についての問い合わせもずいぶんいただきました。まだお受けする段階に至っていませんが、いずれ具体化するかもしれません。

新型コロナウイルスに関わりなく、日々、人は生まれ、人は亡くなります。亡くなったのであれば、どんなかたちであっても見送りたいのが残された人の心情です。

しかし2020年の春は、「感染予防の観点から、本当に身内だけでひっそりとお葬式をせざるを得なかった」「自粛でご葬儀に参列できなかったけれど、ちゃんとお見送りしたかった」という話は、ずいぶん多かったようです。

もしもオンライン葬儀が普及していたら、状況は変わっていたはずです。「感染リスクを心配しながら従来のご葬儀に出席するか、家でひっそり手を合わせるか」という二択だけでない、第三の選択肢が生まれていたと思います。

また、お寺の役割はご法要やご葬儀だけではありません。たくさんの情報が飛び交い、先行きが見えない不安が広がる中で、心の拠りどころになることも、宗教が果たすべき大切な〝仕事〟です。

「不安や孤独におそわれた時こそ、法要や法話を視聴して、心を安らげるきっかけにしていただきたい」

この想いから築地本願寺では、オンライン法要よりも早い4月から、「ＹｏｕＴｕｂｅ築地本願寺チャンネル」で、「お坊さんのお話」の動画配信を始めました。

この動画配信は、石川勝徳部長、島地和美主任を中心とする職員たちの迅速な貢献によって実現しました。

僧侶たちがカメラに向かって法話をお届けし、いつでもどこでも視聴していただく。

「あたりまえの世界　おかげさまの世界」

「仏教のこころ　念仏のこころ」

「今さら聞けない　お寺の学びとマナー」
こうした心の落ち着きにつなげる法話のほかにも、より身近な例を引いた法話も配信しました。たとえば、光善寺（東京都港区）の柳川眞諦《しんたい》さんは、トイレットペーパーの買い占めなど自己中心的な行動を例に挙げ、人を思いやることの大切さを説いています。

お寺は一般企業に比べるとIT化が相当に遅れているのですが、この取り組みに関しては、若い僧侶たちが積極的に頼もしく動いてくれました。さすがに若い僧侶たちはインターネットや、パソコン、カメラの扱いに慣れており、伝道企画部の光森宏明さんのようにもともと動画作成に詳しい人もいたのです。やる方向が決まった後は迅速にハードやソフトの手配を行い実際に収録して、配信できる仕組みができあがりました。

もちろん視聴してくださる方は、若い世代よりもむしろ年配の方が多いはずです。そこでお経の意味や、法話に合わせた字幕や図などの説明もつけたところ、「わかりやすい」と好評を得ることができました。

このユーチューブ配信の経験があったために、オンライン法要が充実したものになったとも言えます。今では、オンライン法要に携わる僧侶は10名。本堂に4台のカメラを配置し、スムーズに画面を切り替えるスイッチャー、音響機器担当のミキサー、「今、どんなお勤めをしているか」を伝えるテロップ出し係もいます。まるでユーチューバーかテレビ局のスタッフのような仕事をやすやすとこなすのは、法衣をまとった僧侶たちで、これも新しい〝お勤め〟と言っていいかもしれません。

オンライン法要やユーチューブ配信は、目新しい試みと注目され、朝日新聞のほか、ＴＢＳ「あさチャン！」、フジテレビ「とくダネ！」や、ＮＨＫ「おはよう日本」「ニュースシブ5時」などのテレビ番組でも取り上げられました。

私が築地本願寺に来る前から構想していたオンラインを利用して法要、ご葬儀、法話を行う「ヴァーチャル・テンプル」（スマート・テンプル）が、図らずも実現しつつあるのかもしれません。リアルのお寺は都心にあるのですから、今後はアマゾンのようにインターネット空間に存在する「ヴァーチャル・テンプル」をどんどん建築していきたいと考えています。

「危機に対するリテラシー」を培う

緊急事態宣言が発令されている期間中、多くの企業で通常のビジネスが行えない状況になりました。開店休業で悲鳴をあげていた観光業、飲食業と同じく、人が足を運べなくなった築地本願寺という「法人」（宗教法人、コーポレーション）も、２０２０年4月〜6月の3カ月間の収入は対前年比で、2億円以上の減収となりました。

2億円のマイナスというのは、経営破綻も現実味を帯びてくるとんでもない数字であるということは、みんなわかっていたと思います。しかし、あくまで理屈としてわかっているだけで、危機的状況にあると実感し、「自分事」として理解していたかといえば違います。「大変だ、このままでは８００年の伝統が維持できなくなってしまう」と焦っているのは代表役員・宗務長（普通の企業で言えば「社長」）である私や一部の幹部だけ。ほとんどの人は「今後どうなるのか」という心配はあったものの、「まあ大丈夫だろう」と構えていたということです。

危機的状況に陥った時、それを体感し、状況を正確に把握し、どのような解決策をとるかをスピーディに考える。いわば「危機に対するリテラシー」が、伝統的なお寺には欠けていました。

そこで、3月中にコロナ対策チームを立ち上げ、さまざまな前提条件を考えたうえで、緊急事態宣言に対応することにしました。地震などの天災を想定したＢＣＰ（Business Continuity Plan：事業継続計画）を作成中だったこともあり、思っていたよりもスムーズに非常時体制に移ることができました。そして、何よりも危機感の共有を通じて職員自らがアイデアを出し、前向きに対応するようになってきました。

このようなことは、宗教法人だから浮世離れしているとか、築地本願寺が呑気だと責めるつもりは毛頭なく、それは多くの企業でも言えることだと思います。

たとえば、私がかつて身を置いていた銀行業界はリアルなビジネスの最右翼のような業種でありながら、「危機に対するリテラシー」は欠如していました。１９９７年に経営破綻した北海道拓殖銀行は、その典型的な例です。

バンカーは皆、たくさんの企業の倒産のプロセスを見ているので、「資金繰りがうまくいかなくなれば、潰れるのは時間の問題だな」「債務超過の烙印を押されたら終わりだ」と瞬時に判断できます。しかし、プロである彼らでさえ、「都市銀行が、まさか潰れるわけはない」「この金額ならなんとか調達できるだろう」と、目の前にある各行の資金繰り危機を見ていながら、状況の深刻さを肌身で理解していませんでした。

「まさか、自分の会社は潰れるはずがない」と理屈抜きで信じ切ってしまう――これはどの企業にも起きる思考停止ではないでしょうか。

お寺という組織は、銀行や他業種に比べればはるかにのんびりとしているわけですから、危機に対するリテラシーをより一層、強めなければなりません。多くの人の心の拠りどころになるという使命は、己も強くなければ果たせないのではないかと感じます。

ヴァーチャル・テンプル構想は、目の前の課題に対する解決策の一つでもあり、これも危機に対するリテラシーを強化することになるでしょう。「オンライン法要をやってみた」というだけで終わらせてはいけない。ニーズがどの程度あるのか、どのように応えれば喜んでいただけるのかを模索しながら、積極的に次の手を打っていかなくてはなりません。ニーズの後追いではなく、「相手が欲しいもの」を先回りして差し出すのが真のサービスなのです。

他の業界からやってきた当初は、「赤字を前にして頭を抱える孤独な社長」であった私ですが、最近は「次はこんなことをしてみてはどうでしょう」とどんどん提案してくれる頼もしい職員たちも増えてきました。

やはり時代は変わるもので、その変化に合わせてビジネスも職員教育も、そしてお寺も人も変わっていくということです。

蓮如上人は「たとい商いをするとも仏法の御用と心得るべし」と述べました。浄土真宗では、商業や工業で生まれる利益を、「他を利することに対する報酬」と捉えています。「利他の精神で自分の利益も得るのだから、菩提心を発する行い」としています。そうした菩提心を大いに発揮するのも、後に続くものの務めだと感じます。

無限につながるヴァーチャル・テンプル構想

仏壇がｉＰａｄになってもいい

「伝統あるお寺で前代未聞のことばかりするビジネスマン僧侶」

雑誌のインタビューなどでそう書かれることがありますが、私はやみくもに既存の組織ややり方を壊したいわけではありません。

ビジネスの視点で、築地本願寺という素晴らしい老舗寺院を活性化させ、生き残りを図るという使命を果たしているまでです。

そしてもう一つ、かたちにとらわれずに時代に合わせてアップデートすることが、本質的な価値を守る最良の方法だと考えています。ヴァーチャル・テンプル構想がその一つであることは、新型コロナウイルスの蔓延とともに確信に至りつつあります。

電話やインターネットを駆使したコンタクトセンターを充実させ、情報発信したり、いろいろな質問を受けたりして、人とお寺の確固たるつながりをつくっていく。そうすればやがて場所も建物もいらなくなっていきます。

ヴァーチャル・テンプルがしっかりとできていれば、仮に寝たきりになったとしても、ベッドの上でお参りができるようになります。スマホ上の築地本願寺アプリのボタンを押せば僧侶が出てきてお経をあげる。そうやって、亡き人を偲んでもいいのではないでしょうか。キャッシュレス決済ができるようになれば、法要の際の懇志（お布施）もネット上で簡単に納められます。

仏具の売れ行きが激減し、大きすぎる仏壇がインテリアに合わないと敬遠されていますから、仏壇がｉＰａｄの中にあっても特に問題はないと思います。

仏様への信仰も大切な人への思いも、本来、かたちがない概念であり、ヴァーチャルなものです。最初にあったヴァーチャルで抽象的な概念を、のちの人々が仏像や、絵像、寺院といったかたちにしただけなので、「形式が正しい」というのは思い込みではないでしょうか。

「そんなことを言っても、高齢者がｉＰａｄを操作するのは難しい」
「どの家庭にもインターネットやＷｉ－Ｆｉ環境があるとは限らない」

このような声もありますが、それは枝葉の話です。学校、企業がウェブ授業やテレワークを導入するのが当たり前になっていく中で、頭から「できない」と決め付けるのは早計です。

シニア女性誌の発行部数ナンバーワンの『ハルメク』が２０１８年に行った調査では、55歳から74歳までのシニア女性のおよそ7割がスマホを使用しています。男性であれば仕事でパソコンを使っていた人も少なくありませんし、今後高齢者となっていく世代は、日常的にデジタルデバイスに親しんでいる人たちでしょう。

どうしても使えない人については、築地本願寺のアプリを入れたノートパソコンやｉＰａｄと、Ｗｉ－Ｆｉがなくてもインターネット環境が整うポケットＷｉ－ＦｉやＬＴＥ設備を用意し、セットアップからご法要の一部とするといったサービスを提供することも可能でしょう。

たとえば大手の家電量販店では、洗濯機、冷蔵庫などの電化製品の配線やセッティングを、物流会社にアウトソーシングしています。配送を頼めばドライバーさんが家電製品を自宅に届けたうえで、組立て、配線をしてすぐに使える状態にするところまで面倒を見てくれるという、運送付加価値をつけたビジネスです。企業と組んで、これと似たことを築地本願寺の提供するノートパソコンやｉＰａｄで行うのは、難しいことではないと私は思うのです。このサービスについては、実現に向けて職員が企画し、システムやパソコンのリモート・サービスを提供してくれる会社を見つけ、実際に依頼主へのノートＰＣ提供サービスがスタートしました。

いずれにせよ、２０２５年には3人に１人が65歳以上になるという超高齢化社会の日本では、ヴァーチャル・テンプルのニーズは確実にあると私は考えています。

世界のどこにいても築地本願寺にお参りできる

この3月以降、本願寺派の各種の全国的会議もほとんどオンラインで行っています。「パソコンはどうも苦手で」とアナログ派だった高齢の宗会議員要職者たちも、お寺の近くの各教区教務所、普通の会社でいうところの「支店」の職員がセットアップを手伝い、今ではしっかりと使いこなしているのです。

今後、オンラインで何かをやることが当たり前になってくれば、多くのことが変わっていくでしょう。現在は「説明会に参加していただいたうえで申し込み」というルールである合同墓も、近々ウェブ上の動画による説明、Ｚｏｏｍによる質疑応答、すべてオンラインでの申し込み可能な仕組みに変わる予定です。

また、今まで合同墓や法要のご案内をしていたのは、「関東一円、築地本願寺まで電車で1時間ぐらいで来られる皆様」だけでした。しかし、今後ヴァーチャル・テンプル構想が現実のものとなっていけば、本山や全国の真宗本派寺院、世界の寺院とリンクして、先進的なものとなり、幅広い世界の人々が利用できる対象になるでしょう。

離島に住んでいても、外国に住んでいても、築地本願寺でお葬式も法要もできるようになる。逆に言うと、地方の山の奥にあるお寺でも、「故郷であるこの山に葬られたい」という人を、テクノロジーによって受け入れる可能性が生まれてきます。距離は関係なくなるということです。

当然ながら、「ご葬儀はオンライン上でできるとしても、ご遺体や遺骨はどのようにお受けするのか」といったクリアすべき課題は残されていますし、さまざまな軋轢が生じることもあるでしょう。しかし、それに鑑みても検討する価値はあり、また大いに検討すべき時代の流れの中にあると私は考えています。

お寺がアマゾンのようになる日

浄土真宗の根本教義には「往相《おうそう》」と「還相《げんそう》」という二つの回向《えこう》があります。「回向」とはサンスクリット語からきた変化や転生を意味する言葉で、他の宗教では亡くなった人にお経をあげることを意味します。浄土真宗の場合はむしろ逆で、「阿弥陀如来から人々に向けられるはたらき」を指します。

亡くなった門信徒は阿弥陀如来に導かれて浄土に行く、つまりこの世の命が終わると同時に、浄土に往生して成仏する（悟りを開く）こと、これが「往相《おうそう》」。または、「往生《おうじょう》浄土《じょうど》」といい、「浄土に往き生まれる」ことであり、それは行き詰まることではなく、悟りという新しい世界が開けてくることなのです。「浄土」とは、「煩悩のけがれのない清らかな世界・悟りの世界」のことです。

浄土に行って成仏させていただけたら文字どおり「仏様に成る」わけですが、ずっと浄土で暮らすわけではありません。今度は仏様としてこの世に還ってきて、残された迷っている人たちを、浄土に導き救うはたらきをするのです。浄土からこの世に還ってきて、人々を救うはたらきをすることを「還相《げんそう》」と言います。

私たちが浄土に往生すること（往相）も、この世に還ってきて人々を救うはたらきをさせていただくこと（還相）も、すべて阿弥陀如来のはたらきによると言われています。これを「回向《えこう》」という言葉で表し、「往相回向《おうそうえこう》」「還相回向《げんそうえこう》」と言われています。「回向」とは私たちに阿弥陀如来から回《めぐ》らし振り向けられたという意味です。この世に還ってくるといってもお化けになって還ってくるわけではなく、阿弥陀如来という仏様のはたらきと一体になって還ってくるのです。浄土の主人公は阿弥陀如来という仏様であり、私たちもその仏様の一員にしていただきこの世の人々を浄土に導く役割を果たすのです。

命が尽きた後に、衆生《しゅじょう》救済のために浄土から還ってくるということは、未来のことを言っているだけでなく、現在の私たちの生き方にも影響してきます。自己中心の心から離れられないこの世の私たちには、本当の意味で他者のために何かすることができるわけではないのです。そうした、私たちの現世に生きる悲しみ、苦しみを知らされるとともに、私たちがこの世で生きる方向を明らかにしてくれる教えなのです。

「亡くなった人は浄土で仏様になって、この世に還ってきて新たな活動をしている」というのが浄土真宗の考え方であり、お骨や仏壇に絶対的な意味はありません。しからば「正しいお墓は、仏壇はこのようでなければいけない」というのは、後付けの理屈と言ってもいいでしょう。

もちろん私は浄土真宗原理主義者ではなく、昔ながらの形式としてのお寺やお葬式、お墓の素晴らしさも継承していくべきだと思っていますが、多くの人にとって選択肢はたくさんあるほうがいい。リアルとヴァーチャルが共存するのも世の中の流れです。

統一されたイメージと、信頼できるご縁、揺るぎない心があれば、コンピュータ経由でお参りしてもちゃんと阿弥陀如来様は見ている。いつか築地本願寺がヴァーチャル・テンプルとしてアマゾンのような存在になる日が来たとしても、私は驚きません。

しかし、事業計画はまだ第2期（第1期は2015年から3年間、第2期は2018年から4年間で2022年まで）。そして築地本願寺のリブランディングや人生のコンシェルジュ化を推し進めるにあたって、ほかにも大きな課題があります。

1970年代で変化が止まっている、古い体質の組織の改革と人材マネジメントです。少しずつ成果を上げつつある人材育成とリーダーシップ教育について、第4章でお伝えしましょう。

第4章

目標を共有できる仕組みをつくる

――人材マネジメントとリーダーシップ

築地本願寺のソフト改革

改革案は易し、改革実行は難し

私は、銀行からキャリアチェンジし、外資系グローバル企業でヘッドハンティングをしていたこともあります。企業や政府機関などに雇われて、事業の改革や立て直しをするために、外部から「再生のための改革者」（経営変革の実行者）を連れてくる仕事です。数多くの人をヘッドハンティングしてきて多くの場合は顧客依頼を果たす成果を出してきましたので、15年間プロフェッショナルとして独立してサバイバルすることができました。しかし、中にはうまくいかなかったケースもあります。

声をかけた人の多くは大企業やコンサルティング出身の優秀な人たちでした。しかし事業再生の改革者として企業に入る場合、挫折も味わい、混乱にもまれた経験がある人しか生き残れませんでした。エリートとして順調に歩んできた人だと、昔から組織の中にいる古参の人たちに潰されてしまうのです。

改革のために乗り込んだ人たちの改革案や事業計画は素晴らしく、「これをやったら事業再生できる」とうなずけるプランばかりです。しかし改革者の仕事は優れた案を考えることではありません。優れた事業戦略をつくるだけなら、外部の経営戦略コンサルタントにいくらでも頼めます。

「再生のための改革者」に期待される一番の仕事は、「今のままでいい」「今までのやり方がいい」という内部の反対を押し切って、説得して何がなんでも改革をやり抜くことです。外部のいろいろな人たちを説得して協力を取り付けることです。結果を出すためにはお客さんが付いてこないと意味がありませんが、それ以前に組織を変えなければなりません。

サーチ・コンサルタントとしていろいろな企業に「改革者」を送り込んできた私が、今度は自分自身が「改革者」として築地本願寺にやってきた時、この思いは一層強くなりました。

「築地本願寺のサバイバル戦略」は大胆なことばかりだと言われますが、一つひとつの実行プロセスを見てみると、単純で当たり前のことです。しかし、周りの人を巻き込みながらやり通すのは本当に難しい。今もその思いは変わりませんが、宗務長になった当初は、驚きの連続でした。

「大福帳経営のプロ」に、ビジネス用語は通じない？

「宗教法人も株式会社と同じ『コーポレーション』です。利益を株主に配当する代わりに社会に還元するという意味で同じものです」

この言葉は、築地本願寺内部からも浄土真宗本願寺派からも猛反発を喰らいました。「寺は商売じゃない」「門徒は門徒であって顧客扱いするとは何事か」と、いまだに言われています。経営難が問題になっている病院や学校、そして宗教法人に共通するのは「お金儲けをする組織ではない。ビジネスではない」と内部の人たちが信じていること。しかしその考えを大幅に転換しないと、潰れてしまう危機的状況については第1章で述べたとおりです。

寺院の内部に入ってみて、「さあ、改革だ」となった時に驚いたのは、企業で普通に使っている経営の言葉がまったく通じなかったことでした。「マーケティング」や「マネジメント」「財務会計」という経営に関する言葉自体はみんな知っていますが、それがビジネス上、具体的に何を意味するのか、本当に理解している人がいません。

「簿記、会計」という言葉はわかっていても、複式簿記で内部の財務状況が管理されているかといえば、それもありません。貸方借方も、財務諸表、売掛や買掛勘定、減価償却費も負債性引当金の勘定科目もなく一般企業会計で使われる貸借対照表はありません。各会計上の歳入歳出の現金の出入りだけがあるという状況でした。

江戸時代の商人は、人の名前ごとに債権、債務だけを記した帳簿を使っていました。「安永さんに50両、ツケで米を売った」というように、取引先についてお金の出入りを記録していたのです。これは「大帳」と呼ばれていましたが、縁起を担いで「大福帳」になりました。明治以降、現在の複式簿記が入ってきて廃れてしまいましたが、今でも大雑把な帳簿を使うような経営を「大福帳経営」と呼ぶことがあります。

かつての築地本願寺もまさに大福帳経営の典型でした。年間収入８０００万円以上の宗教法人は複式簿記をと法律で定められており、築地本願寺は年間収入は億単位ですから会計士も税理士もついています。しかし宗派の中の会計については、いまだ単式簿記でしかも現金主義です。通常のビジネスは発生主義ですから、請求書が来た時点で財務上はお金が動いたことになりますが、現金主義は実際の出入金があるまで記録しないのです。

万事がおおらかな大福帳経営のままで、「請求書が来たら会計課に回して、何日締めの何日払いで処理する」という当たり前のことも取引先ごとに基本契約を結んで締め日、振込日を明確にするということがスムーズになされていませんでした。

「築地本願寺のやり方は40年遅れている。高度経済成長期で止まっている」と書きましたが、財務については国際ルールである複式簿記が導入される以前、明治維新前夜で止まっていると言うべきでしょう。

売掛金も債務も意識せず、与信という考え方も持たない。固定資産、減価償却、言葉としてはみんな知っているけれど、実質的には理解されておらずB／S計上されていない。それでもなんとかやってきた人たちにビジネスの話をするのは、想像以上の難問でした。たとえて言うなら、パソコンを見たことも触ったこともない人に、「これは便利でいいものだ」といくら説明しても理解してもらえないようなものです。

経営の共通言語をつくっていく

築地本願寺にはバランスシートがない？

正直なところ、「ここでは経営や会計の言葉がまったく理解されていない」と私が理解するまでに、2年ぐらいかかりました。みんな知識としては知っていても、感覚として腑に落ちない様子でした。

私は「寺院の経理担当者や幹部クラスは不勉強だ」と言っているのではありません。みんなあくまで「寺院独自の会計基準の専門家」であり、財務会計ルールすべてがお寺仕様にカスタマイズされすぎていて、世間一般と乖離しているということです。

築地本願寺が億単位の赤字を出しているのはすぐにわかりましたが、バランスシートがないので、現状としてどの部門でどれくらい収益が上がっているのか、収入はあっても利益が出ているのかどうかもわかりません。

本願寺派の「有力子会社」となった築地本願寺としては、とりあえず自分たちだけでもどれだけ資産があるのか財務状況をはっきりさせる必要がありました。

業績が右肩下がりの時は、将来への備えもしなければなりませんし、先手も打たなければなりません。単純に言って5年後、10年後に入ってくるお金が徐々に減っていくと予想されるなら、出ていくお金も減収を予定して減らさないと赤字が膨らむ一方です。いくら内部留保があったとしても、赤字を毎年補填していたらすぐに内部留保が底をつきます。

寺院の会計は「収入と支出」という概念でやっており、入ってくる主なお金はご懇志《こんし》（お布施）と冥《みょう》加《が》金《きん》です。つまり法要などでいただくお気持ちと、お墓の冥加金（契約金と年間維持費）です。そこに本山から何らかの支援目的で回付されたお金も足したものが「収入」です。

経費という概念がないので、人件費も光熱費も、本山に築地から納付したお金も、ありとあらゆる使ったお金が「支出」。あくまで仮定の話ですが、本堂に飾る仏画を購入したら、それは経費ではなく資産計上になります。預金勘定つまり流動資産が固定資産勘定に振り替わっただけなのですが、この説明もわかってもらえない。「お金を使ってなくなったのだから、支出（経費）ですよね」というシンプルな考え方なのです。

こうしてまとめた収入から支出を引いて、残ったものが繰越金（留保金）。どんどん減っているのですが「いざとなったら寄付をしてもらえばいい」と思っているので、私がいくら焦っても、汗だくで説明しても、みんな涼しい顔をしています。お寺の単年度会計は翌年へ繰り越せず、年ごとに締めてしまう（売掛買掛などすべての経過勘定が認められない）というのも、わかりにくさを増幅させています。

歴史がある寺院ですから、「本当にお金がない」となった時、寄付してくれるところはあります。お願いをすれば1回、2回なら助けてもらえるでしょう。しかし永続的に助けてもらうなど不可能です。

「ありがたい教えを伝えるのが寺の役目。お金のことは考えるべきではありません」という言葉は美しいものですが、お寺が潰れてしまったら、ありがたい教えを伝えるための素晴らしい設備も蓄積も人材も失います。「収入なくして伝道なし」が、私の口癖になりつつありました。

「現状維持」にもお金はかかる

カフェが大人気で毎朝行列ができ、合同墓が世の中に支持されて冥加金も増えてきたとなれば、「宗務長のいうことも一理あるのか」「まんざら嘘でもなかったらしい」とわかってもらえるようになってきました。

それでも「あんなに立派な礼拝堂をつくるのは、お金の使いすぎだ。今後は内部留保を減らさないよう、しっかり節約して引き締めよう」という発言もまだまだ出てきます。

「お金が礼拝堂に変わっただけですから、資産は減っていません」と言えば「ああそうですね」とわかってもらえますが、そのすぐ後に使ったお金を取り戻すために当面は「経費節減ですよね」と言われたりして、設備投資ということが感覚としてはなかなか理解されにくいようです。バランスシートがないので設備投資であっても販管費と同様に経費としてしか理解されないのです。

ＧＩＮＺＡサロンについても「ビジネスと言いながら、収入に比べて経費が過大で儲けゼロどころか赤字だ」と捉える人も多く、「長期的に見れば門徒が増えることにつながる投資だ」と理解されるまで時間がかかりました。

新たな投資に際して銀行からお金を借り入れることはビジネスなら当然ですが、「借金はやめておきましょう。寄付のほうがいい」という８００年前からの体質は、一朝一夕に変わるものではありません。「儲けなくてもいい。寺はビジネスではありません」という考えからです。

しかし、現状維持をするだけでもお金は出ていきます。たとえば本堂は重要文化財であり、残していかなければならない日本の文化的価値を持つ財産ですが、定期的なメンテナンスなしでは壊れて損傷していきます。

今は本堂、第1、第2伝道会館、役宅も含め長期修繕計画を初めて策定するとともに、重要文化財である本堂の耐震補強計画を立てるための調査を行っています。昭和初期の鉄筋コンクリートは意外に強く、低層なのも幸いしていますが、日本は地震大国です。国や都からの補助金もしっかり申請して、数年内に耐震補強工事に着手する予定です。

「ビジネスマン僧侶」の力を借りる

コンサルタント会社を頼むだけの予算はないので、事業戦略の立案も財務についても「社長」である私が方向を決めるしかありません。今では頼もしい中堅の僧侶が力になってくれていますが、当初はまだ戦力とはいえませんでした。

ビジネスの世界で当たり前の共通言語を持つのに一苦労という組織なので、僧侶たちに積極的にコミットしてもらうまでには時間がかかります。ずっとお寺の世界だけで生きてきた人たちに、いきなりビジネスの交渉ごとは難しい。財務管理、カフェの運営を任せる会社をどこにするのかの選定等々、プロジェクトのあらゆることを私がやるのも不可能です。

そこで会計システムの構築を含め、いくつかのプロジェクトを具体化するにあたっては、外部の助っ人を頼むことにしました。

いわば契約社員として集まってくれた数人のプロたちは、元銀行員やＩＴ企業の出身者などです。50代から70代までのベテランたちですが、実によく動いてくれて、今も助けてもらっています。私が引っ張り込んだというのもありますが、同じ方向を見てくれる強力なプロの助っ人たちです。比較的年齢が上の助っ人たちに大いに啓発されて、若手の職員も大きく成長中です。

そしてお寺の内部には、まだまだやらなければいけないことがたくさんありました。

民間企業の「当たり前」を取り入れる

顧客管理のデータベースは「住職の奥さん（坊守《ぼうもり》さん）」

組織を変えていくにあたって懸案はいくつもありましたが、私が早急に着手したかったのはＣＲＭ（顧客関係管理）です。「ご縁をつくる、ご縁をつなぐ」という考えのもと、人生のコンシェルジュを目指すなら、ライフイベントに伴走することが不可欠です。それには顧客情報を継続して蓄積しなければなりません。

毎年法要をしてくださる門徒の情報すら管理されていなかったことは前述しましたが、それは手書き管理のまま今日まできてしまったことが原因です。築地本願寺ですらその状況ですから、小さなお寺だと本当にアナログです。

小さなお寺の場合、門徒は50〜３００人程度。「門徒台帳」という名簿があり、今も用紙が売られています。

門徒台帳には「何年の何月何日に、どこの家の誰が亡くなってお葬式をした」ということは記入しますが、その際の懇志の金額までは書かないでしょう。「お気持ちの金額を書き残すなど下品だ」ということかどうかは定かではありませんが、はっきり書かないのがお寺のやり方です。

しかし、金額が記してあれば、どのくらいの規模のお葬式かがすぐわかりますし、年忌法要のご案内をする際、「この門徒さんは大きなお葬式をなさったから、法要に出る僧侶の人数も確保しよう」と準備ができるはずです。

ビジネスの場合、来期はどのくらいの売上になるか考慮して予算案をつくります。ビジネスではないお寺にしても、「いくらお金が入るかわからない」という状態では不安です。また、門徒の数が多くなると、門徒台帳を整理するだけでも一苦労です。膨大なページをめくって目当ての門徒の情報を探し出すのも大変です。

中には、きちんとした寺院管理システムを導入して、門信徒名簿を管理し、すべての収入、支出をきちんと日次でパソコンに入力して、寺の財政状況がすぐに把握できるお寺もありますが、かなり例外的かと思います。

それでもずっとなんとかなっていたのは、寺には「坊守《ぼうもり》さん」がいたからです。「坊守」とは住職の奥さんのこと（女性住職の夫など男性の場合もあります）。たいていお寺の奥さん（坊守さん）というのはよくできた人で、門信徒さんに関するすべてのデータが頭の中に入っていました。ちょっと尋ねれば「あの家のおばあちゃんなら何年に亡くなって、3人いる子どものうち、喪主の息子さんは東京に住んでいて……」という情報がたちどころに出てくるのです。

誰かの頭がデータベース化しているのは便利ですが、バックアップの面でかなり問題です。その人がいなくなったら、すべてのデータが検索不可能になります。残念なことに築地本願寺も小さなお寺と似たような状態で、門徒さんたちの情報管理はなされていませんでした。お葬式をした門徒さんへ一周忌のご案内をするのがせいぜいで、それもシステムにはなっていない。門徒ではない方の一周忌の法要だけお受けしたような場合、その記録を残すこともしない。これではご縁はつながっていきません。

ＣＲＭ（顧客関係管理）のインフラを整備

築地本願寺の大改革としてＣＲＭのシステム整備を行いました。そうは言っても一般企業なら当たり前にやっている普通のものです。

門徒さん、法要をお受けした方、そして築地本願寺倶楽部の会員について、お名前、連絡先、生年月日、家族構成。お葬式や法要についても記録しています。

やがてデータが蓄積されていけば、年忌法要のご案内はしっかりとできますし、お祝い事のご案内もできます。「お孫さんが生まれたなら初参式のご案内」という具合に、七五三（めぐみの参拝式）、10歳で祝う二分の一成人式、成人式、結婚式、還暦祝い、終活と、ライフイベントに寄り添うコンシェルジュサービスがＣＲＭシステムをベースに機能するのです。帰敬式を受けて浄土真宗の門徒になってくださる方が少しでも増えてほしい。その入り口として「築地本願寺は頼りになる」と思ってくださる方が増えれば、それは「新しい信者」（メンバー）さんです。

今はまだデータを蓄積しはじめたところで、ご案内を適時的確にできるまでに至っていませんが、ＣＲＭシステムがあればいろいろな可能性が広がっていくはずです。

たとえばワンルームマンションの食器棚の上にあっても違和感がない仏壇を、仏具屋さんと築地本願寺で開発する。都会のインテリアにも合うシンプルで小さいお仏壇というのは、ありそうでなかなかありません。それをＣＲＭのデータを活用して合いそうな方にご案内したら「欲しい」という声はたくさん上がると思います。

　また、私が来てから大きな寄付のお願いをしたことはありませんが、いずれ築地本願寺と長くご縁を持ってくださった方々に、明確な目的（たとえば本堂の耐震補強など）を持ったうえで寄付を募れば、お金も集まるはずだと思っています。たとえば本堂入り口の大理石の柱、ステンドグラス、パイプオルガン、随所を守る牛、獅子、象といった動物の彫刻。築地本願寺の「ファン」になってくださった方々であれば、これらの財産をのちの時代に残すために、快く協力してくださるのではないでしょうか。

　さらに地方の寺院と情報を共有すれば都会にいる子ども世代と地方に残っているシニア世代の関係もわかりますし、そこに対するサービスもできるようになっていくはずです。

　現在も、「法務代行委託制度」という仕組みがあり、地方のお寺が、首都圏のお寺に葬儀や年忌法要などの法務代行を正式に依頼することができます。ただし、やり取りは電話とファクスで、お金の払いは別となっており、なかなか利用度は向上していません。

　これをシステム化して、地方のお寺も気軽にメール一本で東京のお寺に法務を依頼できるようになったら、はるかに利用が進むものと思います。また、訪問したうえで聞いた情報を地方のお寺にも伝えて共有できたら、門信徒のご縁を強化することにもつながるはずです。

「僧侶という人材」のマネジメント

「僧侶に不満」を感じている人は28・8％

築地本願寺の「職員」はおよそ１００人。外部委託や契約社員が20人で、これは助っ人として入ってくれたプロたちや、インフォメーションセンターや築地本願寺ＧＩＮＺＡサロンで働く女性たち。あとの80人ほどは全員が「宗務員」という国家公務員のような宗派主催の採用試験を経て入ってきた人たちです。ほとんどが僧侶で、女性は15人ほどです。

宗務員は僧侶であると同時に経理や総務などの事務方であり、プロジェクトの実行者でもあります。築地場外市場との提携話を取りまとめてきた東森尚人副宗務長のような例外はいますが、営業をやっている人や営業経験のある人は実質ゼロ。今後は外部の人を入れたり宗務員を研修育成したりして、法人営業部門もつくる予定です。

今は相当に変わってきましたが、改革に取りかかった当初はＣＲＭのようなシステム整備だけでなく、日常的なレベルでの〝宗務員教育〟も必要でした。

僧侶にはまだ〝信頼感というブランド価値〟が残っている——築地本願寺ＧＩＮＺＡサロンでの「よろず僧談」でそう感じたのは事実ですが、一方で「僧侶に不満を感じている人」が28・8%もいるという調査データもあります。

その調査によると、行動、姿勢、態度に関する不満では、「上から目線、品がない、信頼できない」といった声が上がりました。平気で遅刻したり、傲慢だったり、檀家に対する感謝の念に欠けていたり。また、「感銘を与える法話と、僧侶の日頃の行いが矛盾している。あの法話は商売用なのか？」という厳しい意見も出てきました。

法話や教化、修学という〝お坊さんの本業〟についても、非難の声があります。

「勉強不足でお経が下手」「法話をせず、印刷物で代用している」「人の話を聞く姿勢がない」

これは２０１７年の「浄土真宗に関する実態把握調査」（真宗教団連合調査）の結果で、

浄土真宗の門徒さんの3割もの人がこのように思っているのは、由々しき事態です。築地本願寺の宗務員に対しての調査ではありませんが、「放っておけば似たことは起こる」と考えておいたほうがいいでしょう。

そこで特に若い僧侶たちには、私自身の姿を見せつつ、基本から教えていくことにしました。たとえば業者さんが来た時、私が立ち上がって挨拶をすれば、みんな真似るようになっていきます。

「なんてレベルが低いんだ」と思うかもしれませんが、僧侶といえども今時の若者です。若い人に、強制して押し付けたら反発を買うだけというのは、どの業界でも同じではないでしょうか。そして僧侶になる若者というのは、世間の若者と一味違う人たちなのです。

閉鎖的な〝お寺チルドレン〟たち

宗務員の95％は寺院の息子や娘なので、「父が元気なうちはここで働きますが、いずれは自分の寺に帰って住職を継ぎます」という人たちが半分以上います。

お寺という特殊な環境に生まれ育ち、仏教系大学に学び、得度してお寺に勤めた若者たちですから、医者一家や教師一家と同じで、お寺の外の世界をあまり知りません。一般的には、素直で人の好い僧侶宗務員がほとんどですが、一般の世間でもまれていないので人としては信用できても、その行動が世間の基準で一定水準に達しているか疑問なこともあります。

また、誠実であるがゆえに人を疑ってかからない人も多く、そのせいか自分の専門分野外で人から騙される人も少なくないように思います。きつい言い方をすれば、閉鎖的な世界で育ってきた人で「お坊さんが営業なんてあり得ない。これまでご縁のあるご門徒さんだけを大切にして、お寺に来られるのを待っていればよい」という先祖代々の価値観を受け継いでいる人が多いように見えます。

成果を求めるタイプよりゆったりと生活を楽しみたいタイプが圧倒的に多く、いきなり切り替えろというのは無理な話です。そもそもお寺自体がゆったりとした時間が流れている、いわばスローライフの典型で、その環境の中で生まれた時から育ってきた僧侶が圧倒的に多いのです。

中には「築地で学んだことを、自分の寺にも生かしたい」と意欲的な人もいますが、やはり少数派だと感じます。上司の言うことは黙って聞き、決められたことはきちんとやるけれど、こうしたほうがいいとわかっていても、あえて提案したり直言したりといった、はみ出すことはしない実直な公務員タイプが少なくありません。でも、私は、まだまだ修練すれば大きく変わりうる余地は残していると考えています。

歴史的に見ても浄土真宗は、民衆のための仏教です。未来への存続もかかっていますが、原点に戻るためにも、意識改革を根気よく続けていくつもりです。

ＭＢＯ（目標管理制度）の導入

どんなに優れたシステムも、働く人たちの意識を変えながら導入しないと「こんなことをやらされて、なんの意味があるのか」となります。意識が変わらないまま指示だけすると、顧客関係管理という意義のある仕事が、いやいやコンピュータ入力をする単なるうっとうしい作業になってしまいます。

私もプロとしてビジネススクールで社会人向けの人材教育をやってきたので、評価システムの導入で従業員の意識が変わることはわかっていますが、急激にやったら反発を買って逆効果ということもよく知っています。ましてや職員のほとんどはおっとりした〝お寺チルドレン〟ですから、反発する前に心が折れてしまっては大変です。

そこでまずは人材育成の一環として２０１８年からＭＢＯ（目標管理制度）を導入しま

した。全体の目標数字を個人で割って「あなたは来期、これだけの数字を上げなさい」というのがビジネスの世界でいうＭＢＯですが、築地本願寺はまだスタートラインに立ったところです。理想的には「今期は50人に布教します」という具体的なＭＢＯになればいいのですが、まだその段階ではありません。

「門徒さんはもうたくさんいるのに、なぜ勧誘しなきゃいけないんですか？」

「相手は勧誘されたくないかもしれないのに、その気持ちを無視してもいいんですか？」

当初はこういう質問が出てくる状態だったので、1年目はどんなに小さなプロジェクトでもその意図を必ず説明し、一人ひとりが日常的に目標意識を持つよう、個人目標を立ててもらいました。

本書を執筆している２０２０年はＭＢＯを導入して2年目なので、個人目標に基づく自己評価をすると同時に、メンターに目標達成度を評価してもらうようにしました。その結果は、毎期末の人事評価に反映させる予定です。

ビジョンや方向性を共有する

個人の目標は、必ず組織の目標と連動していなければなりません。２０１５年からの10

年間で築地本願寺を改革するにあたり、繰り返しビジョンや方向性についての話をしました。単に「合同墓をつくる、倶楽部会員制度をつくる」という具体的なプランでなく、その背景にある危機感も大義も共有したいと願ってのことです。

この改革が時代の変化に合わせた新しい布教活動であること、築地本願寺にはご縁をつくって未来に教えをつなげる使命があること、このままではいくら大きなお寺でも潰れてしまいかねないほど現状は厳しいこと……。本書で書いたことは、何度話したかわからないほどです。

もちろん「寺院は変わるべきだし、何かやらなければいけない」とみんな理解していますが、全員が腹落ちしているわけではありません。

「お寺はビジネスではない、伝統的なやり方がある」という姿勢で変化を望まない人がいまだにいます。また「先祖代々ご縁があった人たちだけが真の門徒であり、合同墓やＧＩＮＺＡサロンから入ってきた人たちが本当の門信徒と言えるのか？」という伝統的門信徒観を捨てきれない意識を持つ人もいるのです。

50年60年と伝道してきたベテランの僧侶からすれば、僧侶になって15年しか経っていない私は若輩者です。人は「変われ！」と言われて変わるものではありません。伝統との戦いなのだから時間がかかるのは当然だと自分に言い聞かせ、反発を受けようが無視されようが、「新しいご縁づくりが未来の門信徒創造だ」「新たなご縁をつくり新たな門信徒を増やさなければお寺の将来はない」と言い続けるしかありません。

私はまたリーダーとして「２０２４年までに10万人の会員獲得」を公言しています。こうした大胆な目標設定は、皆にとってはたとえ絵空事と感じられても、リーダーは言い切ることが大切。さもなくば誰もついてこないでしょう。

そして付け加えれば、絵空事にはならないという手応えも感じています。

働く僧侶のための組織改革

お寺の〝ブラック体質〟を改善する

変わらなければいけないのは、宗務員側だけではありません。組織の人事制度や福利厚生も、外の世界から来た私から見れば大問題でした。

寺院には「寺での仕事はすべて仏様への報恩感謝の行為である」という感覚があるので、宗務員たちの勤務体系が明確に決まっていなかったのです。給与の水準自体は公務員基準のためそれほど高くはなく、それでも問題にならなかったのは、およそ7割がお寺の後継者で「宗派に奉職するのは、いずれ実家の寺に帰るまでの勉強をさせていただいている」という姿勢もあったからでしょう。

今ではその点を改善し、1日8時間労働で週休2日制。労務管理もシステムで監視ができるように改めました。

お寺の始業は早く、7時から始まる朝の晨朝勤行《じんじょうごんぎょう》に出るためには、6時半過ぎには本堂の裏に入って練習しなければなりません。しかしそれは法要に出るだけでいい、私やベテラン僧侶の場合。若い僧侶は交代制で法要の準備があるので、遅くとも午前5時半にはお寺に入ります。

毎朝ご飯を炊いて、仏様にお仏飯《ぶっぱん》を差し上げ、お香をたき、灯明に火をともす。本堂の空調を入れて経本などを用意したり漆の内陣の拭き掃除もしなければなりません。そのためたいていの若い僧侶は、築地の近くでせいぜい自転車で通勤できる距離に住んでいます。

２０１９年7月には宗務員全員にノートパソコンを支給し、会議はペーパーレス、オフィスはＷｉ－Ｆｉをめぐらし、執務室はフリーアドレスにするなど、じわりじわりと改革を進めているところです。また、パソコンでのウェブ会議も朝礼をはじめ普通になってきました。

「社外のＭＢＡ研修」「寺院内のミニＭＢＡ」でリーダーを育成

僧侶としての修行については私が介入するまでもなく優れたベテランがたくさんいますが、ビジネスにおいて教えるべきことはたくさんあります。

まずは経理を担当する職員は簿記学校に通うこととし、まず簿記３級、そして２級と取得してもらいました。前述したビジネスの共通言語を学んでもらうためです。

次に新人から中堅までの宗務員のために、社内研修プログラムを用意しました。〝プロの助っ人〟である元日本ＩＢＭのコンサルタント出身の人にプログラムを作成してもらい、ミニＭＢＡ的な新入職員研修もお願いしています。さらに幹部クラスの僧侶たちはワンランクアップして、グロービス経営大学院のエグゼクティブ・マネジメント・プログラムを受講してもらっています。

30代の若手職員のための、ミドルリーダーシッププログラム（ＭＬＰ）も２０１９年からスタートして、初回は6名の職員が受講済みです。こうして人材教育を進めていけば、少しずつですが将来のリーダー育成にもつながるでしょう。

私自身は〝本社〟である浄土真宗本願寺派の「僧侶育成体系改革プロジェクト」に関わっており、現役の住職さん向けの再教育プログラム「寺院運営計画作成講座」などをつくって定着活動を支援しています。このコースは、全4回のコースで、まず環境分析をし、寺のミッションなどを考えたうえで、どうやって寺を運営していくのかを具体的な計画に落として最終回には、全員で発表してもらう――まさにミニMBAコースです。現在は試行段階ですが、これを本格展開し、全国の本願寺派住職に受講してもらおうという計画を立てています。

世界に向けてお寺を開くための「外国人僧侶」

「外国人のお坊さんにぜひ来ていただきたい」

これは私のたっての希望であり、京都の宗派国際部に勤務していた外国人僧侶が築地本願寺へと転勤してきてくれました。京都の中央仏教学院を卒業したワン（王仁興）さんという中国系シンガポール人です。中国語、英語はもちろん日本語も流暢で僧侶の資格を持っています。

教化活動のための大きな行事を取り仕切ったり、在日外国人を集めて月に1回、英語の法話会を開いたり、ホームページやパンフレットの英語化、合同墓の英語説明会などもワンさんにお願いしています。英語の法話会はウェブでインターネット配信しており、実は日本よりも海外の視聴者の方が遥かに多くなってきました。

グローバルに教えを広めるためには、インバウンドの外国人観光客にお寺に親しんでもらうやり方が一つ。幅広く「ご縁をつくる」ということです。もう一つは東京にいる在日の外国人に、しっかりと馴染んでもらうことです。彼らなら「ご縁をつなげる」こともできます。すでに築地本願寺倶楽部には外国籍の会員もいますが、もっと増やすことも十分に可能だと思っています。グローバルな観点で門徒を増やしていくのは壮大な計画ですが、それにはできることから確実に進めていくのが一番です。

２０１９年10月、インド大統領ご夫妻が築地本願寺を参拝し、２５００年前にお釈迦様が悟りを開かれた地であるブッダガヤ産菩提樹の植樹式が行われました。古代インド様式の寺であることから生まれたご縁です。この際も、王（ワン）さんが通訳を務めてくれました。

私がお礼にとインド大使館を訪れると、今度はインド大使館主催のパーティに呼ばれるという具合に、インタラクティブな関係になっています。

これをきっかけに、将来的にはインドで門徒を増やす戦略を立ててもいいでしょう。インド人の多くはヒンドゥー教徒であり、ヒンドゥー教は仏教のことを「ほぼ同じ仲間」とみなしているので、受け入れてもらいやすいと思います。インドはまた、人口が14億人いる高度経済成長期にあるうえにＩＴ国家ですから、チャンスは大いにあるはずです。

少子高齢化の日本であっても、世界には今、成長しつつある若い国があります。「ひらけ!!　築地本願寺。」を掲げるのであれば、世界に向かって開いてもいいのではないでしょうか。

キャッシュレス化

こだわりを捨て、寺院のシステムは時代に合わせてもっと変えていくべきでしょう。

たとえば「懇志は現金でなければいけない」とずっと言われており、ようやくクレジットカードや電子マネーの導入が検討され始めたところです。

ブレーキをかける仏教原理主義的な人も大勢いるのでなかなか進みませんが、現金であるべき教義上の根拠がないなら、クレジットカード払いでもかまわないと私は思います。キャッシュレス化が政府の公式方針として日本国中で進んでいるのですから、払う側にしてみればお札を持ち歩くよりは安心で便利でしょう。

さらに私は、ご懇志もお賽銭もクレジットカード払いでいいと思っています。ただしこれはクレジットカード会社の内部審査で当初はノーでした。電子マネーも当初は「宗教法人では使えない」ということでしたが、その後、前向きに対応してくださるカード会社も出てきました。もう少しでキャッシュレス化が実現できるところまで来ています。

遅れているところは進め、変えられることから変えていく。これは組織のシステムにしても人材にしても、同じことだと思うのです。

第5章

なぜ働くのか、なぜ生きるのか

——ビジネスマン僧侶のキャリアのつくり方、考え方

その業界ごとの「言語」を学ぶ

キャリアが〝異色〟に変わる時

「銀行マンが僧侶に」

「ヘッドハンター出身、異色の僧侶が取り組む築地本願寺の大改革」

私のキャリアについて〝異色〟という言葉がついて回ります。確かに「銀行から外資系企業を経てコンサルティング会社社長に」というところまではよくあるキャリアですが、そこから「僧侶になり、宗務長として築地本願寺へ」というのはかなり珍しいでしょう。この選択が私のキャリアを〝異色〟に染め替えました。

実際、経営していた人材コンサルティング会社（島本パートナーズ）の業績は順調で、辞めたい理由はありませんでした。それどころか社員への責任もありますし、経理を担当していた妻は猛反対しました。「あなたは会社を見捨てるんですか」と責められ、離婚の危機（？）に陥ったほどです。

会社はビジネスですから、その気になれば然るべき人に譲ることはできます。しかし

「お寺という特殊な世界に身を置いて、家庭人としても両立してやっていけるのか」という疑問もありました。

三和銀行で「関西ビジネスの合理性」を学ぶ

多くの僧侶がお寺の息子や娘なのに対して、私はごく普通の東京のサラリーマン家庭で育ちました。

慶應義塾大学経済学部では財政学のゼミ（古田精司教授）に属していました。専攻していたのは公共経済学で、司法試験を受けて弁護士になろうと考えていた時期もあります。夏休みは図書館に通い、法律のサークル（律法会）の仲間と朝から晩まで勉強したり議論したり——と、当時の大学生の9割が勉強よりクラブや遊びが主流だった中で、勉強ばかりしてかなり真面目な大学生だったとは思いますが、特別変わったところもなく、仏教ともまったく縁がありませんでした。

卒業後は三和銀行（現三菱ＵＦＪ銀行）に入行。ほかにも誘われたところがありますが、「言いたいことを言ってもいいところだ」と、風通しの良さに惹かれました。同じ銀行であっても三井、住友、三菱など財閥系都市銀行や興銀、長銀などの長期信用銀行系とはまるで違うカルチャーです（自分が思ったことははっきり言いたい私の気性は、この頃から変わらないということでしょう）。

１９８０年代の銀行は大蔵省の定めたルールの下で動いており、金利も貸出しの時のルールもすべて役所によって決められていました。「護送船団方式行政」と言って、最も歩みの遅い船（銀行）に合わせて船団が進み、一隻も潰さないとの保守的な方針でした。金利以外での競争が盛んで、他行と差をつけられるかどうか、営業成績は「サービス次第」でした。どれだけ経理部長を接待したかで融資シェアが決まったり、社長の娘の縁談をまとめたお礼にと、大口の預金をしてもらったり。今では考えられない泥臭い世界です。

配属されたのは、大阪万博で訪れて以来、生涯2度目となる大阪での梅田支店（当時行員１６０人の三和銀行中、東西で最大の支店でした）勤務です。「言いたいことを言っていいカルチャー」に惹かれたとはいえ、関西色たっぷりの銀行支店の現場での日々は、東京出身者にとってはカルチャーショックでした。

それでも関西は合理的で、「こちらがどれだけサービスしたか」で、お客様がどれだけ応えてくれるかが決まります。接待だろうが縁談の世話だろうが、サービスは「相手が必要としているものを具体的に提供すること」なのです。

東京の場合は「こちらがどれだけ相手のプライドを満たしたか」で決まるので、建前を崩さずに相手の真のニーズを探る腹のさぐり合いのようなところがあり、それは私の苦手とする分野でした。

一生懸命に〝サービス〟を工夫しました。接待や縁談の世話ばかりでは芸がないとビジネスでの得意先を紹介したり、その会社の組織改善提案をしたり、貿易商社のためにＪＥＴＲＯから最新の現地情報を入手したりといろいろな提案、情報提供を行い、評価してもらいました。今でいうコンサルティング提案営業のようなものです。接待はたとえ何十万円もする高価なお酒でもその場で飲んで終わりです。しかし、しっかり調査したうえで、「御社のここを改善すればうまくいきますよ」という経営上のアドバイスをすれば長期的に役に立ちます。成果が出たと喜んでいただけることもあり、それは私にとってもうれしいことでした。

そうすると年末には、逆にお客様側が私たちのために一席設けてくれたり、ドンと高価なお歳暮を届けてくれたりしました。

「こんなものは受け取れません」と断った時の、ある社長の言葉は忘れられません。

「いや、安永さん。金の量は気持ちの量やで」

これこそ、体に商売が染み込んでいる大阪の流儀なのです。何かをしてもらったら、してもらったぶんだけきっちり返す。このフェアなやり方が、商いの都のルールでした。

「常に働いていないと金は流れない。手は常に動かしていろ、そして常に次の段取りを考えていろ」

銀行の上司たちにこう教え込まれ、24歳からの8年間を夢中で過ごすうちに、私はいつの間にか流暢な船場風の関西弁を話すようになっていました。東京で友人にたまに会っても「マイド！」と口をついて出るくらい、すっかり関西人に同化していました。

英国という「アウェー」でのサバイバル戦略

「安永、3月からはロンドンや」

1987年1月4日。仕事始めの日に、突然、支店長から海外赴任を言い渡されました。3月末までに引き継ぎを済ませ、夜はベルリッツに通って英語を特訓せよという指示です。慌ただしく走り回っているうちに、ロンドンから連絡が入りました。

「もう労働許可が下りたので早く来てください」

ようやくベルリッツに通いはじめてまだ1週間でしたが、「来い」と言われたら行くまでです。そそくさと引き継ぎと挨拶回りを済ませ、2月の19日に大阪伊丹空港からアンカレッジ経由で冬の暗いロンドンへ。3年前の新婚旅行以来、生涯2度目の海外渡航でした。

当時のロンドン支店では、日本から来た英語の話せない派遣行員の仕事は外為ディーラーか内勤の企画担当に決まっていました。いずれもあまり英語を必要としないためです。私もそうだろうと思っていたら、案に相違して支店長は「営業をやれ」と言います。てっきり日系企業相手かと思えば地場の英国企業担当で、ちょうどその時辞める英国人のシニアマネジャーの顧客担当アカウントまで引き継いでくれという話でした。

「君は大阪で営業ができたと聞いている。頑張ってくれ」と支店長から言い渡されました。

やれと言われたら、答えは「イエス」しかありません。セクションの上司も部下もアシスタントも英国人で、日本人は私だけ。完全なアウェーです。

ベルリッツで1週間習った英語で歯が立つはずもなく、「言葉の通じない異文化世界」の中、支店の英文稟議書を日本語に要約して東京の国際審査部に報告したり、稟議を通すための資料を作成したりもしなければなりません。自分が担当する英国企業への訪問もあるし、まさに、見ること・聞くこと・話すこと、すべてちんぷんかんぷんの「別世界」でした。

今でも覚えているのは、昼休みのサンドイッチ屋でのことです。「卵サンド一つ！」と頼むわけにはいかず、パンはホワイトかブラウンか、トーストするかしないか、バター、辛子は塗るか塗らないか、野菜は何をどうはさむのか、パンの耳は落とすか落とさないか、そうしたことを全部伝えたうえでようやく中身の具を注文する――当時の日本にはそんな店はありませんでしたし、店員の質問を聞きとることができないから答えようがありません。

やりとりしても埒があかないと悟ったお店の人は「アーユーコリアン？　チャイニーズ？　ジャパニーズ？」と聞いてきました。ジャパニーズだと私が答えると、焼かない白いパンにバターを塗り、「ジャパニーズならこんなところだな」と、慣れた手つきでサンドイッチをつくってくれました。

ランチすらこの調子ですから、仕事は悲惨な状況です。英国人上司は「どうだ、慣れたか」と愛想よく声をかけてきて、こう付け加えました。

「君は仕事ができるらしいから大丈夫だと思うけど、6カ月で成果が出なかったら日本に帰すよ」

自腹を切って「仕事と自分」に投資する

英語がまるでできない背水の陣の私は、自分の貯金３００万円を投資して、個人的に英語教師をつけることにしました。奥さんが日本人という生粋の英国人のベテラン教師で、週末は彼の家に行き、書くことから話すことから、毎回彼のつくったプログラムに沿って8時間ほどみっちり習うのです。この特訓は6カ月ほど続けました。

それでもまだ不十分で、英国のミッドランド・バンクに勤めていた入社3年目の25歳の若手をアシスタントとして採用してもらうことにしました。取引先とは常に彼と二人で会うことにして、私がわからないことは彼が聞き取るという作戦です。

３００万円もかけて英語を習ったり、英国人を採用して業務アシスタントにつけたり、およそ一介のサラリーマンらしからぬやり方かもしれませんが、これはいい投資だったと思っています。

「アソシエーション・オブ・コーポレート・トレジャラー（Association of Corporate Treasurer：企業財務専門家養成学校）で勉強したい」と英国人の業務アシスタントの彼に言われ、一緒に専門学校に通ったのも投資の一つ。金融都市ロンドンにはトレジャラーやファイナンス・ダイレクターといった企業財務を専門とする財務プロフェッショナル人材を育てるための専門職養成学校があり、そこで最新のファイナンス業務、理論を学ぶことができました。

たとえば、日本には為替リスクヘッジでも、単なる為替交換レートヘッジしかなかった1980年代に、英国ではバランスシートヘッジや、他通貨会計のネッティング（インボイスベースでの交互計算精算システム）が大きな課題でした。得意先である英国系のコングロマリットは連結会計、しかも多通貨会計という企業も珍しくない。

「多数の子会社群をどのように連結して、多国籍で納税を減らし、トータルに純利益を上げていくのか」ということ、そして単なる売上利益の向上ではなく「キャッシュフローをどのように生み出すのか」「どうやって多通貨連結会計のバランスシートをヘッジするのか？」という議論を専門学校では盛んにしていました。私は勉強好きというより好奇心が強く、新しいことを学ぶのは楽しくてたまりません。

赴任1年目で英語とファイナンスの知識を詰め込んだ甲斐があり、やがて英国のファイナンス・ダイレクターや、グループ・トレジャラーと言われる財務専門家たちとの会話についていけるようになりました。そして、銀行がビジネスとして進出し始めていたM&AやMBO（マネジメント・バイ・アウト）、MBI（マネジメント・バイ・イン）など、企業や経営陣の買収案件やプロジェクト投資案件を扱うようになりました。

プライベート・エクイティ・ファンドのように未上場の会社の企業価値を高めて売却するビジネスが盛んだった１９８０年代当時のロンドンで、日本の銀行の信用格付けはトリプルAでした。

マーケットの中に入っていけば行くほど歓迎され、マーケットに発表される前の極秘ディールの情報が入り、高収益の優良案件を手がけることができたので、当然実績も上がり、仕事が面白くないはずがありません。

私がファイナンスの知識で提案プランを作成し、外見もばりっとした弁舌さわやかな英国人上司が巧みに商談を進めます。ＭＢＯファイナンスの場合はリスクも大きいですが動くお金が大きいので、シンジケーションをアレンジするディールのマンデートを取ると数十万ポンドのフィーが――当時の日本円にして数億円――が一気に入ります。地場企業部門の業績も大きく向上し、シティの地場金融マーケットの中でもだんだん一目置かれる銀行になっていきました。私のアシスタントだった彼もアシスタント・マネジャーに昇格してお互いハッピーだし、充実した日々でした。

30代も終わりに近づき、「あと1、2年で日本に帰るのだろう」と思っている頃、またも突然、支店長に呼ばれました。

「日本の本部から手紙が来て、君を留学させることになった。ケンブリッジへ行け」

人間の根源には「問い」がある

ケンブリッジで学んだ精神世界

1990年、私が学んだのはケンブリッジ大学の工学部大学院の経営学専攻博士研究課程、現在のケンブリッジ大学の経営大学院である「ジャッジ・ビジネススクール」の前身だったところです。

ほぼ週1回、指導教授（ヒュー・ウィタカー教授。現在はオックスフォード大学日産日本問題研究所・ダイレクター）とディスカッションすることが義務づけられているだけで、後はどの授業に出てもいいという2年半は、私にとって11年目のサバティカル休暇のような充電期間でした。

金融の世界にどっぷり浸っていた私にとって、学際的なケンブリッジ大学はまったくの異文化世界。ここもまたアウェーですが、とびきり居心地がいい場所でした。

所属していたウルフソンカレッジは、戦後にできた大学院生専門のコレッジで、各国からの留学生が多く集まっていました。コレッジの食堂では、週に2回、コレッジのプレジデントでケンブリッジ大学全体の副総長（総長は女王の夫君フィリップ殿下だったので実質は大学全体のトップ）、デービッド・ウィリアム教授主催の晩餐会が開かれます。

憲法学者でもあるプレジデントに招待されてアメリカやオーストラリア最高裁の判事、卒業生でもある著名な科学者、当時コレッジのフェローでもあった中国科学史の権威ジョゼフ・ニーダム博士とか各国の外交官、役人、政治家、有名ジャーナリストなど、錚々たる顔ぶれが揃い、世界中のさまざまな国々から集まってきた留学生たちが一堂に会する場で、大いに刺激を受けました。

実際にサバティカル休暇でケンブリッジに来ている日本の教授たちとも交流し、少し足を止めて、人生を深く考える時間を持てた気がします。

日曜日になると、教会のミサに行ってみました。ケンブリッジを構成するいくつかのカレッジの中でも、よく行ったのはキングスカレッジの教会です。ロンドンではセントポール大聖堂のミサやメソジスト教会の集会、メソニック教会で行われるフリーメイソンの会合にも行きました。

なぜ教会に行ったのかといえば、「なんでも見てみたい、どこへでも行ってみたい」という若い頃からの好奇心が俄然、頭をもたげた部分もありますが、実のところ私は昔から、心の内側の世界に深い興味を抱いていました。

高校時代は精神医学や深層心理学の勉強をしたいと思っており、医学部が志望でした。残念ながら合格できず、2浪後に慶應義塾大学の経済学部に行ったものの、1年生の原典講読でユングを読むゼミに入るなど、心の世界への興味は継続していました。三和銀行に入ってからは経済や経営の本を読む機会が増えましたが、心理学書は趣味として読み続けていました。

牧師の息子として生まれ、厳格なプロテスタントの教育を受けたユングが深層心理学の父となったように、心理学と宗教は深く関係しています。そして欧米ではキリスト教が深く社会に根付いており、中世につくられた大学であるケンブリッジ大学も、もともとは12世紀に始まった教会の聖職者を養成する学校（コレッジが先でユニバーシティ［大学］は後に16世紀にできた）が出発点であったわけです。それならばキリスト教会を間近で見たい、私はそう考えたのでした。

ケンブリッジ大学院生の黒い法衣《ガウン》を着ていけば、どこのコレッジの教会もすぐに入れてくれます。牧師の説教を聞き、合唱団の賛美歌に耳を傾けながら、私はいかにキリスト教が西欧文化の土台になっているかを実感していました。

「全能の神がこの世界をつくりたもうた」という大前提があるキリスト教の国で、中世につくられた神学を教える学校がケンブリッジです。したがって、最上位にある学問は神学。その下に、神がつくったこの世界を合理的に解き明かしていく物理学、数学、歴史学、哲学、医学という学問があるという位置づけです。

それだけ一神教にとって神は絶対的な存在であり、多神教である日本とはかなり違います。昔から八百万《やおよろず》の神と複数の仏様がいて、歴史上の人物も神として祀られ、天皇が神であった歴史もある日本は、世界において特殊と言えます。

「『無宗教です』はタブー、仏教徒だと言ってください」と海外赴任前研修で習ったと述べましたが、ケンブリッジで出会った英国のインテリたちから、日本の宗教についてよく聞かれました。

「日本の神とはなんだ、仏とはなんだ、人はなぜ宗教というものを生み出したのか、日本仏教の特色は何か」――ケンブリッジの先生たちとの議論は知的に非常に興味深いものでした。

バブル崩壊後の日本で「人はなんのために働くのか」

１９９３年、帰国した私を待っていたのは、バブルが崩壊した日本でした。多くの企業が多額の債務を背負い、銀行の業務は不良債権の回収に重心が置かれ、顧客に対しては非情で過酷でした。

激務の中、ケンブリッジでよみがえった根源的なものに対する興味や関心は、封印したはずでした。しかし厳しい銀行取引の現実に直面し、「なんのためにこれをやっているのか？」と問えば、おのずと心の奥深いところに踏み込むことになります。

「銀行は世の中のために仕事をしている。銀行員である自分のミッションは、社会公共のために銀行の仕事を遂行することだ」

自分自身、なんのためにこの仕事をやっているのか腑に落ちていない。それならなんとか、組織の目標を個人の目標とすり合わせるしかありません。「世の中のためだ」という大きな前提が納得できなければ、思い切った仕事はできないと思いました。

しかし、組織の目標と個人の目標が完全に一致するわけではなく、すり合わせた分だけ自分に嘘をついているような、ある種の後ろめたさが残ります。これは多くのビジネスパーソンが抱えるジレンマではないでしょうか。

なぜ働くのか。なぜ生きるのか。人にはこの疑問に対するなんらかの答えが必要です。

高度経済成長期までの経営者は、「なんのために」の答えを掲げていました。たとえば松下幸之助は「世の中から貧困を追放する」という経営哲学を持っていました。

しかし今は、貧しさから逃れることが「なぜ働くのか」の答えにはなりません。格差社会と言われ、もちろん貧困に苦しんでいる人はいまだに大勢いますが、日本の国内での貧富の格差は世界の基準から見るととても小さい。それは90年代も現在も同じです。共産主義の中国やベトナムでさえ、日本よりは貧富の差が大きく、「社会主義国家は実は日本でだけ成立したのではないか」と海外に行くたび思いもします。

それなら、「なんのために働くのか」の理由がお金を稼ぐためとなるかといえば、それだけで人は働かないでしょう。お金持ちになって成功したい、年収1億円を目指すという人もいますが、それだけが動機で人は働きません。また、日本人の「お金持ち」というのはたかが知れています。

２０００年に銀行から外資系のヘッドハンティング会社に身を転じた私は、凄まじい年収の人がごろごろいるのを目の当たりにしました。米国のあるヘッジファンドの幹部の年収は、２００５年時点で３８００億円。日本の会社役員でもベンチャー企業の社長でも、たった1年でこれだけの収入を上げることはあり得ません。

ロンドンにいたバブル期に、日本の東海銀行の子会社である東海インターナショナル証券のディーラーが１００億円のボーナスを手にしたことが新聞で話題になりましたが、今となっては神話でしょう。

「リスクをとって儲けた人は天井知らずの利益を手にして当然だ」というのが欧米のルールですが、日本はトヨタ自動車の社長でさえ年収は10億円程度でしょう。

かように日本は、お金が「働く理由」になるほど稼げないようにできています。そして仮に稼げたとしても、それだけで人の心は満たされない。

これは、きれいごとではなく、私が実際に桁違いの実業家や資産家を見てきて感じたことです。

どんなキャリアでも無駄なことはない

47歳で出会った「通信制・僧侶養成講座」

ヘッドハンティングの仕事自体は面白くもあり、自分のプロとしてのスキルが年々向上していく手応えを感じていたものの、銀行時代から抱えていた「なんのために働くのか」というわだかまりは消えませんでした。

40代の後半になり、「人生の後半をどう生きるか」と模索し始めた私は、さまざまなセミナーに顔を出すようになりました。多少のお金の余裕もあったので、また自己投資をしようと決めたのです。興味の赴くまま自己啓発や心理学などの本を買い、研修会に参加しカウンセリングや、コーチングの勉強をし、講義を聞き、ワークショップに参加してこれからの自分の可能性を探していた気がします。

「通信教育で仏教が学べる。得度《とくど》すれば僧侶にもなれる」

たまたま本願寺新報の新聞広告を見て仏教を学び始めたのはそんな自己啓発の一環であり、まさか本当に僧侶になるとは思ってもいませんでした。

西本願寺（浄土真宗本願寺派）がやっている中央仏教学院通信教育部。パンフレットを取り寄せたら、年間の授業料はたったの5万円（現在は7万円）。「得度をするための専修課程は、出願にあたって所属寺の住職の許可が必要」とありますが、安永家が江戸時代から門徒になっている福岡の光圓寺はまさに浄土真宗のお寺。電話で住職に相談すると快諾してくださり、すぐに願書を送りました。

卒業生が主催する勉強会（スクーリング）は毎月2回築地本願寺で行われ、毎年、進級試験もあります。先輩僧侶に声明《しょうみょう》や作法を教わり、同級生と顔を合わせて一緒に勉強したり食事をしたりするうちに、親しい勉強仲間もできていきました。

みんな真面目で気持ちの良い人たちで、ほとんどがお寺の息子や娘です。彼らは3年目の卒業試験に合格した後は、11日間の得度習礼《しゅらい》に参加し、得度式を受けて僧侶になります。

〝お寺チルドレン〟の同級生と違い、私に僧侶の資格は必要ありませんでしたが、仲間に強くすすめられ「せっかくだから得度しよう」という流れになりました。

ちょうど外資系ヘッドハンティングの会社から日系のコンサルティング会社にキャリアチェンジするタイミングでもあり、思い切って休みをとって11日間、京都の西本願寺の西山別院の得度習礼に行くことにしたのです。

２００５年3月、若い大学卒業生たちとともに得度した私は、頭を剃って50歳の新人僧侶になりました。

浄土真宗本願寺派の僧侶は有髪でかまいませんが、得度式の時だけは男性全員が剃髪しなければなりません。得度したてで頭を剃り上げていた私は、帝国ホテル地下一階にある東京三田倶楽部で、たまたま先輩と顔を合わせました。原子力のエンジニアとして働いている先輩の実家は、三田にある宝徳寺でした。

「せっかく得度したなら、うちの寺を手伝ってほしい」

先輩に頼まれ、私はこれまた軽い気持ちで引き受けました。御住職である先輩のお父さんは藤田祐賢さんといい、慶應義塾大学文学部で中国文学を教えていましたが、名誉教授になって寺を継いだとのこと。私の指導教授だった古田精司先生とも親しかったようで、「ほう、君は古田先生のお弟子さんですか。息子は畑違いだから、いずれあなたが私の跡を継いでくださいよ」などと、和やかに二人でご法要をしたのです。

ところが、たった一度、一緒にお経をあげただけで、藤田住職は倒れてしまいました。急遽、私は再び本山に行き、副住職になるための研修を受けて教師資格を取り「パートタイムの週末副住職」になりました。報酬はお車代しかいただいていなかったので、ボランティア副住職と言うべきかもしれませんが、コンサルティング会社の経営との二足の草鞋を履くことになったのです。

社外取締役的な委員の1人に任命される

3年間の闘病を経て、残念ながら藤田住職は亡くなってしまいました。いろいろ相談し、最終的には息子である先輩が得度して寺を継ぐことになりました。私はもとの生活に戻りましたが、築地本願寺で行われる門主を囲む会である「拓心会」のメンバーに入れてもらい年2回の会合には顔を出していました。

拓心会は浄土真宗本願寺派の有識者の会で、経営者、若手政治家、新聞記者、医師、弁護士といった人々が集い交流をするというものです。そこには浄土真宗本願寺派のトップであるご門主も顔を出します（最初は24代の大谷光真前門主、ほどなく現在の門主、大谷光淳門主が主宰者になられました）。私も「週末副住職」の頃に声をかけられ、メンバーになっていました。

私はグロービス経営大学院の教授もしていたので、ビジネスについてのセミナーのようなこともやりました。また、「言いたいことを言ってもいいところ」という理由で三和銀行を選び、「議論なしでは始まらない」という英国にいたのですから、知れば知るほど旧態依然としていることがわかった日本の寺院の問題点については、遠慮なく意見を述べました。

そんな姿が、当時の宗派の事務方トップである橘正信総長の目に止まったのかもしれません。２０１２年に浄土真宗本願寺派の常務委員と築地本願寺の評議員に選ばれ、私はいわゆる「社外取締役」になりました。ちょうど教団は、大きな改革をしようとしており、宗派の常務委員会、築地の評議会はそのための最高意思決定機関でもあります。

「ただ出席してくれるだけでいい。いや、出席しなくてもいい」ということでしたが、引き受けたからには出席し、出たからには意見も言います。

そこから生まれたのが本書で述べてきた築地本願寺の首都圏開教のための改革プロジェクトでした。

おそらく私が単に僧侶であっても、単にビジネスパーソンであっても、「あなたに改革をやってほしい」という声はかからなかったでしょう。得度して3年間副住職をやり、寺院の世界を知っていたから、「半分は内部の人間」として寺院の人たちが耳を傾けてくれる。そして半分は「ビジネスの世界から来たよそ者」だから、内部の人間ではできない思い切った改革ができる——事務方のトップである石上総長は、そう考えていたのだと思います。

ＪＲ東日本で学んだ「やり遂げる意味」

「迷ったら『イエス』と言う」と決め、いろいろなことをやってきました。

関西に行けば関西弁で話すようになり、ロンドンに行けば英語を話し、文化も顧客もまったく違う「アウェー」に異分子として飛び込んで、相手と共通言語を持ったうえで、自分の信じる「より良い方法」を持ち込む努力をしてきたつもりです。

もちろん、大きな声で堂々とディスカッションをし、上司にも「そんなことをやっているからダメになるんです！」と平気で言う私のやり方は、波風を立てることもあります。波風どころか、やり過ぎて大嵐になって吹き飛ばされ、英国から銀行の国際部に戻った後はＪＲ東日本に業務出向を命じられた時期があります。

ＪＲにはＪＲの言葉と文化があり、私はここでも異分子でした。新規事業開拓を担当していたので、「駅長室があんないい場所にある必要はない。移動してコンビニをつくろう」と提案して物議を醸しました。

「安永さん、外から来ていろいろやってくれるのはわかるけど、鉄道にとって一番大事なのは安全輸送です。乗客を見渡せる大切な場所を、コンビニにするなんてあり得ない」

駅長室がどこにあろうと、モニターでホームを見ていれば問題ないという理屈の話ではありません。それが当時の鉄道の文化なのです。

それでも私はあきらめませんでした。便利な場所にコンビニをつくれば、乗客のニーズに応えるサービスになりますし、その収益で駅も潤います。

「東京駅の構内、中央線の高架下のスペースに、テナントとしてネクタイ専門店を入れましょう。英国の『タイラック』というブランドは、ヨーロッパのあらゆる空港や駅に店があります。日本でも駅でいろいろなネクタイを買えたら、ビジネスマンのニーズを満たせます」

この提案をした時も、鉄道の人たちの反応は「何を言っているんだ?」でした。

「そこまでの熱意があるなら投資しよう。ただし半年で成果が出なかったら撤退だ」

意気に感じてくれた子会社の役員がいたから、タイラックは東京、千葉、新宿、上野と広がっていき、大きな収益が出たのです。今は残念ながらブランド自体が日本から撤退してしまいましたが、「駅で売っている衣料品は、売店に吊るしてある葬儀用の安物ネクタイくらい」という常識を変える、一つの動きにはなったと思います。

銀行はハードな世界です。上司にタテをつけばいきなり飛ばされるのは池井戸潤の「半沢直樹シリーズ」の世界と同じです。しかし「出向は片道切符」ではなく、私が銀行に戻ることができたのは、成果が出るよう応援してくれる人たちがいたおかげでした。周りに何を言われても合理性のあることをやり抜いて、成果を出せばきっとみんなに理解してもらえるはずなのです。

このように、好奇心の赴くままに「イエス」と言い続けると、キャリアは思いがけない方向に行きますが、振り返ってみても、無駄なことは一つもありませんでした。

たとえば築地本願寺のリブランディングの際、私が「デザイナーが必要だ」と即決できたのは、ＪＲ東日本でテナントづくりに関わった時の「成否はデザイナーで決まる」という経験が生きたのです。職員が思いつきで適当につくったテナントと、デザイナーが入ってつくったテナントとでは、開業してからの収益力に雲泥の差がつくのを目の当たりにしていました。

グロービスの経営理念は「創造と変革の志士たれ」。大学院で学ぶ社会人学生にもそう教えてきたからには、自分もやらざるを得ないというところでしょうか。

築地本願寺にやってきた本当の理由

手に汗を握った「報恩講」

「本当のところ、築地本願寺の宗務長を引き受けた一番の理由はなんだろう？」

「迷ったらイエスと言う」から、誘われたら引き受けるから、好奇心が強いから、どれも本当ですが、妻は大反対でしたし、会社経営を退くのは大きな決断でした。

また、銀行以上に古い寺院という組織には、指導的なポジションに就くことを目標に長年頑張ってきた人がたくさんいます。彼らからしてみれば、「突然現れて、大事なポジションを奪った憎い奴だ」となっても不思議はありません。

しかし私には、「寺という組織で偉くなりたい」という現世的な野心はないのです。僧侶としての法要のお勤めはやりがいのあるものですが、得意だというわけでもありません。

「私は正座ができません。難しいお経も称えられません。それでもいいでしょうか」

いよいよ宗務長を引き受ける際はこう尋ね、「築地はみんな椅子ですし、ご法要は副宗務長もいるから大丈夫です。安永さんは新しい事業に注力してください」と言われて胸を撫で下ろしたほどです。

もっともこれは私を説得した偉い人たちの方便だったようで、私が築地本願寺に入ってすぐの２０１５年の７月、さまざまな特別法要で導師役を半ば強制的に任され、11月の「報恩講」という親鸞聖人ご命日の大法要でも導師役を任されて大汗をかきました。まだまだ覚えなくてはいけないお経はたくさんありますし、「導師独吟」という一人で称えるお経もあれば、「調声《ちょうしょう》」といってリードボーカルのようにお経の出だしを称えなければならないお経もたくさんあります。時には発音や音程をまちがえて恥をかいたり、「今日は半音違いましたね」などと先生役であり部下でもあるプロ僧侶に言われたりしながら、ぐっと歯を食いしばって今でも練習している最中です。

阿弥陀如来に「イエス」と言う

「なんでこんな苦労をしているんだ？」と思うことがないと言えば嘘になります。

それでも決して自分からはやめないし、築地本願寺に来たことに後悔はない——その理由を改めて胸に問うてみると、僧侶になった時の「得度誓約」が浮かんできます。

浄土真宗では得度をする時、生涯、聞法と伝道布教に努めることを誓約します。生きている限り教えに耳を傾けて人々に教えを広める。伝道布教に生涯を尽くす。誓約したとは、阿弥陀如来様に「イエス」と言ったということです。

誓約があるのに、「築地本願寺に来て、改革をしてほしい」という要請を無下に断ることはできなかった。今考えると、それが宗務長を引き受けた大きな理由のように思います。

改革はたやすいことではなく、反対の声もたくさんあります。具体的な施設をつくって成果を出しても「伝統に傷がつく」「まるで商売みたいで下品だ。寺が、僧侶がそんなことをすべきではない」と思う人もいます。

共通言語をつくったり、システムを整えたり、内側からも変えようとしていますが、まだ地ならしができてきた程度です。理解されない部分もたくさんあります。

「あいつは改革者じゃなくただの煽動者だ」と揶揄され、飛ばされる可能性もゼロではなく、その時、〝ビジネスマン僧侶〟である私に、戻る会社はありません。規模を縮小して後輩に譲った会社には、もはや私の居場所はないからです。とはいえ、またビジネススクールの教授として社会人学生の指導に専念してもいい。社会起業家としてコンサルティングをしながら、講演や布教をして回ってもいい。どんな道でも、そこにはやるべきことはあります。

どこにいようと私は僧侶です。宗教者として、教育者として、どんなやり方になっても人生の意味を伝えていきたい――阿弥陀如来様との約束だけは、破らないと決めています。

そして何より、築地本願寺の職員も周囲を支えてくれる僧侶や門信徒の人々も、築地本願寺を本当に大切にしています。危機感に火がつけばみんなきっと動いてくれる。ガラッと変わる。そうすれば必ず築地本願寺はサバイバルできて、末の世まで残っていくはずです。私はそう信じています。

終章

なぜ「新たな時代」に仏教が必要なのか

——死を恐れず、「一日一生」を生きる

コロナ禍で改めて問われた「死生観」

今、ここにある現実の中でどう生きるのか

私たちは、「生きるとは何か」という大きなテーマについて考えることなく、日々、生きています。

たとえば私は本書で記してきたとおり、ビジネスの観点から、「築地本願寺がどうあるべきか」を日々、真剣に考えています。多くのビジネスパーソンもまた、今日の会議、今週中にすべきこと、月末の家族のイベントという直近の課題や予定については常に考えているでしょう。もう少しスパンを長く取り、定年後はどうするか、子どもの進路はどうか、親の介護はどうすべきかという「今後のこと」も思い巡らせていると思います。

しかし「どう生きるべきか？」と、人生そのものについて考えることは、あまりないと感じます。なぜなら日々はあまりに忙しく、やるべきことは山積みで、時間はあっという間に過ぎていくからです。私自身、銀行員だった頃、経営者だった頃を振り返れば、哲学的とも言える内省の時間はさほど取れませんでした。

ところが、そんな私たちに「どう生きるべきか？」という問いが真正面から突きつけられるタイミングが2つあります。

一つは身近な人が亡くなった時。家族や親しい友人が亡くなると、否が応でも「自分の人生は何なのだろう？」「死んでしまったらどうなるのか？」と考えざるを得なくなります。

そしてもう一つが、危機的な状況に直面した時です。１９９５年の阪神・淡路大震災、２０１１年の東日本大震災をはじめ、台風や豪雨による災害や２０２０年のコロナウイルスの感染拡大がまさにそれにあたります。

昨日まで元気で笑っていたあの子、いつも挨拶を交わしていたあのおじさんが、瞬時に瓦礫に飲み込まれ、あるいはなす術もなく波に流され、もう、この世界のどこにもいない。まるで物語の出来事のような悲しみが現実として目の前に立ちはだかった時、「生きるとは、死ぬとは何なのか」という根源的な問いが湧き上がってくるものです。

そして２０２０年に蔓延した新型コロナウイルス感染症は、まさに世界中に広がった危機と言えます。地域差も時間差もなく全世界を襲った巨大な危機と言ってもいいでしょう。

感染症によって突然、仕事を含めた「当たり前の日常」が変わってしまった。元気だった人が著名人を含めて、罹患したと思ったらあっという間に亡くなってしまった。いつ何時、自分が同じ病に感染するかわからない……。かつてなかった事態に遭遇し、日々の営みが絶たれたこの春、私たち全員が、しばし立ち止まることになりました。

僧侶は日頃から身近な人を亡くした人に対して、「これも貴重な機会と捉えて、生きること、死ぬことについて考えてみるのは大切なことですよ」というメッセージをお伝えするようにしています。悲しみの中で学べることはたくさんあり、それは危機的状況においても当てはまります。

そこで本書の結びとして、コロナ禍という共通の危機的状況に直面した皆さんに、死生観について考えるヒントをお伝えしたいと思います。

生と死は表裏一体のもの

蔓延した感染症、大災害、身近な人の死に直面した時に、どうしようもなくこみ上げてくる不安を突き詰めていくと、「死ぬかもしれない」という、人間が持つ根源的な不安にたどり着きます。しかし、果たして死とは恐れ、忌み嫌うべきものでしょうか？　結論から言えば答えはノーで、私はつねづねこう言っています。

「生と死というのは一つのコインの裏と表のようなもので、切り離すことはできません。

『死にたくない』という人は生まれてこなければいいわけで、生まれてきたからにはみんな、いつかは必ず死ぬんですよ」

　実際に、どんなタイミングで人生に終わりが来るかは誰にもわからないことですが、遅かれ早かれいずれは死ぬということだけははっきりしています。

　また、死は誰も経験したことのない、目に見えないものですから、みんな怯えたり不安になったりしますが、実のところ死というものは、生と一体となって存在しています。だからこそ、死から目を背けてはいけないということです。

　この話をすると、「じゃあ、終活をしっかりとやります」とか「やはりお葬式とお墓について決めておきます」という話になることもままあります。これも死を考えるにあたってとても大切なことですが、さらに大切なのは、「自分は必ず死ぬ」という認識を持って今日を生きていくことです。

　誤解しないでいただきたいのは、「どうせ死ぬんだから、頑張って生きたって無駄ですよ」という、刹那的な投げやりな生き方の話をしたいわけではありません。

　私が今、この瞬間、こうして原稿を書いているのは生きているからですが、1秒後に突然、宇宙から降ってきた隕石に直撃され、命を落とす可能性はゼロではありません。脳や心臓が不具合を起こす可能性もあれば、災害に見舞われる可能性もある。だからこの瞬間、生きているというのは、「命というコイン」を空に放ったら、たまたま表面の「生」が出たという偶然に過ぎません。裏面の「死」が出ても、なんら不思議はないのです。

死が怖くなくなる「不安のない生き方」とは？

死の間際まで「生」について語ったお釈迦様

死生観についてのお話をする際、私はこんな話もします。

「お釈迦様は、死ぬことより生きることが大事だと考えていたようですよ」

こう聞いて「知りませんでした」と驚く人が多いのですが、残されているいくつもの経典を調べてみても、お釈迦様は死後の世界についてひと言も残していません。

お釈迦様の死因は食中毒や毒殺など諸説ありますが、亡くなられた時の年齢は、当時としては長命の80歳くらいだったと言われています。いよいよ最期の時が近づき、二本の沙羅双樹の間に横たわったお釈迦様は、嘆き悲しむ弟子のアーナンダに対して、「泣いてはいけない、生じたすべてのものはいずれ消えていく」と告げます。

息を引き取る時に、お釈迦様が弟子たちに残した言葉も、経典に残っています。

「私の教えと戒律をしっかりと守り、怠ることなく自分の修行を完成させなさい」

かいつまむと、「自らを信じて歩め」というのがお釈迦様の遺言で、死後についての言及はなく、地獄も極楽も一切、登場しません。

これは仏教の成立と深く関係しています。2500年前のインドにおいて、仏教は「新興宗教」でした。当時のインドで主流だったのは今日のヒンドゥー教のもとだと言われているバラモン教であり、バラモン教はカースト制度と分かち難く結びついていました。

「前世の悪業の報いがあるから、今世でお前は低いカーストなのだ」

「今世で悪いことをすると、来世は地獄に落ちるぞ」

こうした不公平極まる身分制度へのアンチテーゼとして生まれたのが仏教であり、「人間は生まれながらにして平等だ！」とお釈迦様はつねづね語っているのですから、カースト制度の根拠となっていた地獄や極楽について、最後に言い残すはずもありません。

お釈迦様の遺言を私なりに解釈すれば、大切なのは「自分の人生を、主体的に生きること」ではないでしょうか。

「一日一生」で毎日を生ききる

生きる不安を消し去るためには、「生と死は表裏一体だ」という冷厳な事実を認めることです。そして生かされている今日を、しっかりと生きることです。

「しっかりと生きる」とは、具体的にどうすればいいのかとなると、哲学的な自問自答を始める人もいます。

「自分は何のために生まれてきて、何のために死んでいくのか」

「自分の志は何か、使命は何か」

これはとても大切な問いで、ぜひとも考え続けていただきたいのですが、あまりにテーマが大き過ぎて考えるだけに終わってしまい、日常生活と分断されてしまうこともあるでしょう。

そんな時、私は「今日を懸命に生きる」という基本に立ち戻ることをおすすめしています。つまり、過去にも未来にもとらわれないということです。

「あの時、ああしていたら」と悔やんでも、過去に戻って生き直すことはかないません。

「いずれ、あんなことをしたい。いつか、こんなふうになりたい」と願っても、これは未来の話で、しょせん頭の中で思い描いている妄想に過ぎません。明日以降のことは、どうなるか、誰にもわからないこと。私たちにわかっていて、私たちが影響を与えられるのは、「今日」だけ、「今」だけです。

——今日一日を自分の一生と思って、充実させて生きていく。それが、満足できる生を送る唯一の条件、すなわち、満足できる死を迎える唯一の方法なのです。

臨済宗の僧侶、松原泰道さんは著書『人間としての生き方』で、こう述べています。まさに至言で、唯一確かなのは、今ここにある現実です。

だからこそ、今ここにある現実の中で、自分はどう生きるかを考える。自分の今の役割を知り、どのようにその役割を果たせばいいのかを考える。役割を果たすために行動することに、最大限の力を注ぐ……。

これを毎日続けていれば、少なくとも今この瞬間は輝いています。成果を生もうと生むまいと、成功だろうと失敗だろうと、この瞬間は最大限、輝いて充実した人生を生きています。「今、この一瞬。これが唯一の現実だ」と思えば、過去への後悔も、未来への不安も和らいでいくと私は感じます。「一日一生」、その日その時に全力を尽くすというのは、私のモットーでもあるのです。

　だからこそ、ついつい仕事などを先送りしたくなる時は、「おい、ちょっと待てよ。『一日一生』だろう？　今日やることをちゃんとやれ、言うべきことははっきり言え」と自分で自分に言い聞かせると、その言葉が背中を押してくれます。

　たとえば築地本願寺の改革について何か提案をし、「あり得ませんよ」と嫌な顔をされたとしても、「これが今日の自分の役割だ」と思えば忌憚なく発言できます。私の場合は恥ずかしながら、いささか言い過ぎることもありますが、今日という日が終わったら、それはもはや変えようがない過去です。悔やんでもどうにもならないのですから、手放してしまえばいいだけの話です。

「一日一生」と思えば、家族や大切な人にかけるべき言葉も、照れ臭さも乗り越えて素直に口にできます。

　こんな日々を続けていくことで、不安は消え、振り返ると満足する人生を送れているのではないか。私はそんなふうに捉え、それをお伝えしています。

「あと5年の生き方」を貫く

「一日一生」で毎日を生ききるための具体策として、次の4つを実行してみることもおすすめしています（『「とりあえず、5年」の生き方』諸富祥彦著［実務教育出版］参照）。

・「もし明日死んでしまうとしたら」と、日々自分に問いかけながら生きる。
・「いつかしたいと思っていたこと」を、先延ばしせずに実行する。
・「本当にしたいかどうかわからないこと」は、しないと決める。
・「思い立ったこと」は、2週間以内に始める。

さらに、病を得て、医師に「あなたは余命5年です」と宣告されたとイメージして生きていけば、「一日一生」の生き方ができるようになっていきます。

失業や収入減も恐れる必要はない

もう少し現実的な「生きる悩み」もこれからは増えていくでしょう。

「新型コロナウイルスの蔓延に影響を受けて、収入が減ってしまった」

「仕事をなくしそうで不安だ」

もしもそんな状況になるとしたら、真っ先にすべきことは現実を受け止めることです。仕事を失ったとしてもそれは自分のせいではなく、かつ誰が悪いからでもありません。犯人探しをしたところで、その現実は変わらないのです。すべての出来事は「因」があって、起こり、縁起によって説明されているのが仏教の教えです。


そして、出来事に対して私たちはいろいろと妄想（妄念、煩悩）を含めて解釈してしまうのです。なかなか、物事をありのままに受け取ることはできません。ありのままの現実を受け止めたうえで、「では、どうするか？」という時、自分自身がどうしても守りたい最低ラインの望みを考えておくと不安は和らぎます。

「家族ともども生きながらえていく」というのが最低ラインであれば、日本では、ほぼ誰でもかなえることのできる望みです。


アフリカの貧困国で失職したとなったら、「餓死か、兵士になるか」という二択か、命がけで難民キャンプを目指す旅に出るという三択がせいぜいですが、日本ではより多くの選択肢があります。

人口減で介護職やサービス業は慢性的な人手不足ですし、仮に仕事ができなくても、生活保護というセイフティネットもあります。現代の日本に生まれてきたことだけでも、世界的に見れば、かなり恵まれていて幸せなことです。

「いや、仕事をしたい」というのなら、仕事の内容、報酬など、条件面でできる限り譲った最低ラインを決めることです。理想のラインではなく、「ぎりぎり耐えられる最低ライン」ですから厳しいものになりますが、「いざとなったらこのラインに行けばいい」と思えば、少し気が楽になります。

そして具体的に仕事を探すのであれば、できる限り精密な職務経歴書をつくること。これはヘッドハンター時代に失職したいろいろな人の相談を受けた際にしていたアドバイスで、ポイントは「自分の成功パターン」を知ることです。

「こういうパターンの時に自分はとてもうまくいく」というパターンを３つくらい抽出できたら、それが業種、業界をまたいでもやっていけるのか大枠がわかります。それを持って、学生時代の友人から現在の仕事の取引先に至るまで、この人ならと思える人、最低10人に会って「仕事を探しています」と相談すれば、必ず１人か２人はお節介好きがいて、心に留めてくれます。20人に会えば、３人か４人のお節介好きに出会えるかもしれません。

経験上、このアドバイスどおりに実行する人は3人に1人ぐらいですが、愚直に実行した人はほぼ半年以内に次の仕事が決まっていました。

恐れと不安を和らげるために仏教はある

人が「ストーリー」を必要とする時

ここまで「死と隣り合わせの生を、精一杯、生きることが大切である」とお伝えしてきましたが、「そんなことを言われても、そう簡単に不安は拭い去れませんよ」という方は、おそらく大勢いると思います。

お釈迦様が死について言い残さなかったにもかかわらず、浄土真宗をはじめとする仏教のさまざまな宗派が誕生し、地獄や極楽をはじめ、死後の世界についての独自の解釈を構築し、教えとして伝承していきました。その理由はおそらく、残された弟子たちをはじめとする多くの人たちが、お釈迦様が説いたように「思い煩うことなく今を生ききる」という強さを、必ずしも備えていなかったからでしょう。

私もたまたま僧侶になり、ご縁があって法要などでお勤めをしていると、大切な人を亡くした苦しみの場面に直面します。

もっとやさしくすればよかった、もっと会いに行けばよかった、あの治療を提案したら生きられたかもしれない、ほかにかけるべき言葉があったのではないだろうか……。

「あれもやってあげたかった、これもやってあげたかった」という後悔は、親や配偶者が逝く時、子どもが先立つ時、大切な人が旅立った時に誰もが感じることです。

そんな時に「死後の世界について、実はお釈迦様は一切おっしゃっていませんよ。だから『一日一生』と思ってあなたが精一杯、しっかり生きることが大切です」と言ったところで、心に届くことはないでしょう。届かなかった言葉が、救いになるはずもありません。

言葉を届けるには、その前に不安に寄り添うことが大切です。そして不安や悲しみにどう寄り添うかを説いているのが、仏教であるとも言えるのです。

「大丈夫ですよ。阿弥陀様はあなたの『やってあげたかった』というお気持ちを、すべて受け取ってくれています。そして亡くなった方はちゃんとお浄土に生まれ変わって、今頃は、仏様になっていらっしゃいます。そして、この世に再び仏様として戻ってこられて私たちを導いてくれるのです」

これは前述した浄土真宗の根幹をなす「往相《おうそう》」と「還相《げんそう》」という考えで、普遍的かつ神話的な「ストーリー」でもあります。

人は太古の昔から、死や病や苦しみによって傷つき、心が剥き出しになった時、救いとなるストーリーを求めた……。それが結晶化されて仏様の経典になり、まとめられて後世に伝えられてきたのが今日の宗教だったのではないでしょうか。

ご門徒さんの前でお経をあげ、亡くなった方の思い出など、お話にじっくりと耳を傾けます。そのうえで法話をすると時には涙を流して聞いてくださり、「いいお話を聞けてよかった」と帰っていく方もいます。そんな時、「ああそうか、仏教ってこういうことのためにあるんだ」と、私たち僧侶は体感するのです。

親鸞聖人の教えを学べば不安や死にも向き合えるようになる

逆説的ではありますが、仏教が編み出した死にまつわる「ストーリー」を受け入れると、不安のない生き方ができるようになり、死もあるがままで受け入れられるようになります。

そもそも浄土真宗の信仰の核になる考え方は、「自分が死を迎えてお浄土に行っても、また仏様になって残された人々を救うためにこの世に帰ってくる」というものです。

また、親鸞聖人の教えを簡単に説明すれば、次のようになります。

「すべての人を救うという阿弥陀様の本願が私たちにくまなく届いていることを認識して、感謝の気持ちを込めて南無阿弥陀仏という念仏を称える。いや、称えなくても阿弥陀様の救いが私たちに届いていることを信じて心の中で感謝の気持ちを念じるだけでいい。そうすれば死を迎えた時を待つことなく、本願が届いていることを信じた時に阿弥陀様が煩悩に満ちあふれた私をも必ずすくいとってくれる」

そうしたストーリーを多くの人が必要としているのは事実で、だからこそ宗教は古今東西、いかなる民族にも存在しているのでしょう。

そこで私たち僧侶も、教えを説く時は、こんなお話もします。

「お母様は亡くなってしまわれましたが、また向こうの世界で会えますよ。それにお母様はまたこの世に戻ってきて、残っている人たちを教化してお浄土に導くというお役目を果たされます。つまり、死は終わりじゃないんです。悲しまなくてもいいんですよ」

こうした話をすることによって、「死」を受け入れる場所をその人の心の中につくり、不安と悲しみを和らげることができたなら、それも仏教のお役目だと私は思っています。

また、自分一人では不安でたまらない人が、「最後には阿弥陀如来様が煩悩に満ちあふれた私をもすくいとってくださる」という、不条理にあふれたこの世で生きやすくなる指針を提供することも、仏教の役割でしょう。

「最後はすべて仏様に受け取っていただいて、必ずお浄土に生まれ変わって、また仏になって戻ってくるのだから、生きることは苦しくもなんともない」

全面的にこう信じて迷いなく生きている信者さんも、実際に大勢いらっしゃいます。私たちは僧侶として、仏教のそうした教えをお伝えする立場にあります。それをどう受け止めるかは、人それぞれの生き方であり、選択だということです。

終末期の人々に寄り添い、支えるビハーラ僧

人々の死への不安と悲しみを和らげるお手伝いをする取り組みの一環として、終末期にある人々に寄り添い、安らかに現生をまっとうすることをサポートする看取り僧の育成にも力を入れています。浄土真宗本願寺派では、看取り僧をビハーラ僧と呼び、築地本願寺の本山である京都の西本願寺では、すでに20人ほどのビハーラ僧が活動しています。

「ビハーラ」とは古代インドの言葉で「心身の安らぎの場所」という意味があります。医療・福祉の現場で終末期を迎えた患者さんに寄り添い、死への不安や喪失感を受け止め、心のケアを行うのがビハーラ僧の役割です。

東京の築地本願寺の中には「浄土真宗東京ビハーラ」という会が１９８８年４月に発会し、活動を続けてきています。

「思いどおりにならない人生の中で、どのような状態になろうとも、安心して、ありのままの自分でいられる世界を目指す」

「生老病死の苦しみや悩みを直視し、自らの問題として、人々とともに歩む。そして人としての思いやりや優しさ、生きることの厳しさ、悲しさ、そして喜びを、みほとけの大慈悲の光の中に、ともに分かち合う」

「弱者・強者といった差別から離れ、すべての人が、かけがえのない一人の存在として受け入れられ、人と人の出会いが自然に行われる、そんな社会の実現を願う」

これらが、東京ビハーラの願いです。

東京ビハーラでは、がん患者・家族の語らいの会を定期的に開催、オンラインでの参加も可能にしています。また「苦しみ悩んでおられましたら」「悲しく辛いことがおありでしたら」「憤りをお持ちでしたら」「あなたの声を聴聞させてください」として、電話相談で、総勢25人のスタッフが日替わりで聴聞をしています。

京都で行われているビハーラ僧の養成研修では、座学を中心とした基礎研修と緩和ケア病棟や特別養護老人ホームなど医療機関や福祉施設での臨床研究実習を合わせて、研修生に学んでもらいます。

人々の苦しみ、悲しみを僧と分かち合うことで安心して旅立っていただきたい、そんな思いから、ビハーラ僧の育成に力を入れることに加えて、ビハーラ僧を配属する新しい分院の建設も計画しています。

予定地である佃島分院は元佃島説教所といわれたところで、17世紀に海を埋め立てて築地本願寺の土地を造成してくれた、大阪から来た佃島門徒さんたちによって護持されてきました。このたび建物を正式に築地本願寺帰属の佃島分院とするとともに、門徒講の人々の要請があって建物を建て替え、2階を本堂、上層階を老人ホームとする計画で進んでいます。

これまでの伝統を大切にしつつ、佃島、月島地域の人々のために、分院所属のビハーラ僧が老人ホームの入居者はもとより、近隣一帯の在宅ケア中の人々に対して、医師や看護師と協力して僧侶による訪問聴聞サービスを行う計画です。

科学と多様性の時代における「仏教」の役割

価値の伝え方を時代に合わせて「意訳」する

仏教の「ストーリー」を、疑いなく信じ受け入れ、生きる指針にしている人は、現代の日本においては少数派でしょう。むしろ「そんなのあり得ない、ばかばかしい」という仏教の教義に懐疑的な方が多数派かもしれません。

ところが、「亡くなったおばあちゃんは、浄土で仏様になった」とは思わなくても、「亡くなったのちも、どこかで見守ってくれている」と感じる人は大勢います。そこで仏教が持つ「ストーリーの世界」をわかりやすく解説し、時には具体的なアレンジも加えて遺族の人たちに合わせてお話をするのも、僧侶の役割だと私は考えています。

これは時代背景に合わせて教義を解釈し直し、意訳していくということで、昔から行われてきたことでもあります。たとえば親鸞聖人は、浄土教の大成者である中国の善導大師やインドの仏僧である龍樹などの教えを学びました。彼らの教えを鎌倉時代の日本に合うように意訳し、自分の解釈も加えてまとめあげたのが『教行信証』という書物です。

蓮如上人は室町時代の人に合わせて親鸞聖人の教えをさらにわかりやすく解釈し、平易な言葉で書き下し「御文章」という口語体の手紙で内容をわかりやすく伝えることで地方の民衆の心を動かしました。

しかし、これらは現代人からすると難解な古文です。言葉は生き物で、時代ごとに変わります。それなら伝わりやすいように、現代の人との共通言語をつくればいいのです。大阪弁だろうと英語だろうと、言葉はツールであり、伝えている本質は決して変わることがない。そこに価値があります。

もちろん言葉だけの問題ではありません。教義そのものについての解釈はたやすいことではなく、私自身の課題でもあります。

たとえば『教行信証』の行巻の終わりには正信《しょうしん》偈《げ》という詩（偈文という詩）があり、「帰命無量寿如来」という言葉で始まります。簡単に言うと「如来様にすべて従います」という意味。帰命とは「仏様の勅命に従う」こと、従うというより「全面的に帰依して身も心もお任せする」というニュアンスかもしれません。

これを「自分の意思で行動することが大切だ。自分のことは自分で決めて責任を取りなさい」と教育された現代の日本人を相手に、どう表現すればいいのかは難問です。

親鸞聖人の師である法然聖人は「念仏を称えれば救われる」とされますが、親鸞聖人はそれをより大胆に解釈しました。

「救われるという教えを受け入れさえすればいい。念仏も称えなくていい。いよいよ死ぬ前に信じることだけでもいい」というのです。

これはとても間口が広い教えですが、「阿弥陀如来に救ってほしいとお願いするのではなく、阿弥陀如来は全員を救ってくれている、ということを疑いなく受け止めてそれを阿弥陀如来に感謝する」ということです。「何もしなくても私たち全員が救われている」と、理屈抜きに疑いなく受けとめて信じることです。これを今の人たちに伝えるのは、やはりとても難しいことです。

「科学の世界」と「物語の世界」のダブルスタンダードがあってもいい

科学とテクノロジーの時代、誰もがエビデンスこそ絶対だと信じています。世の中の全員が神仏の存在や宗教の〝ストーリー〟を信じているわけでもありません。

私が最近思っているのは、宗教は検証可能なものではないので、ダブルスタンダードであっていいということです。私たちが生きている「科学の世界」と、ストーリーが繰り広げられる宗教という「物語の世界」は、並行して存在していいと思うのです。いわば、次元の異なるパラレルワールドです。

「仏様が存在するって、浄土は高度何千メートルのところか？　ロケットで観測できるのか」と検証しようとするのは無意味な話で、「検証できないものは存在しない」と決めつけることでもないと感じます。

フロイトが発見した無意識の世界は広大無辺で、私たちが生きている合理的な理性の世界はほんの一部だと言われています。つまり私たちは、科学で検証できない錯覚と妄想に支配されながら現実の世界を生きていると言ってもいい。そして科学を突き詰めていけば、四次元では説明がつかないこともあります。

「阿弥陀」という言葉そのものは、サンスクリット語のアミターバ（無限の光）とアミターユス（無限の命）に漢字を当てはめたと言われています。私なりに無限とは何かと考えていくと、最終的には仏教概念の「空」に行き着きます。「空は量子力学と同じ概念だ」

という議論も科学者や宗教者の間でなされるようになってきました。

私たちは限りなく拡がり続けている宇宙の中の地球という場所で生きている。これが今のところ「科学的な事実」であり、阿弥陀如来が無限の宇宙とイコールなら、「生かされている、守られている」というのは当然です。こう考えれば「生かされている」ということを受け入れて安心し、感謝もできるのではないでしょうか。

これはまだ私自身が考えている最中のことを簡略化して書いているだけで、宗派を離れた「個人的な仮説」に過ぎません。今後もより深く考え続け、しっかりと解釈し、伝え方を工夫することが不可欠です。科学の世界を生きながら、物語の世界に生きてそれを真実として伝える。それが宗教者としての生き方だと思っています。

人は答えを探している

昔は「なんのために働くのか」という話をする経営者が大勢いたと書きましたが、今はそれが科学技術という合理性に取って代わられています。

たとえば私がグロービス経営大学院（ビジネススクール）で教えているのも「人材マネジメント」「企業家リーダーシップ」「リーダーシップ開発と倫理・価値観」など、〝ロジカルシンキングを生かした合理的経営〟です。

自分が僧侶になったからといって、ビジネスを教える場に宗教の話を持ち込むのはいかがなものかと控えていましたが、講義のついでに余談として出ることはあります。すると全講義を終わった後の学生さんからのフィードバックで、「人材マネジメントの話より余談のほうがよかった」という声もありました。

そこで今は講義のたびに、「宗教的死生観を持つと、決断の時に迷うことが少なくなり、その時その時での覚悟を決めた正しい最善と思われる経営判断ができる。自分の私欲をなくして無私の精神で決断すると、たとえ結果が出なくとも自分で後悔することはなくなる。失敗したとしてもそれを謙虚に受け入れ、次のチャレンジに生かすことができるようになる。失敗は、あきらめなければ失敗ではない」といった法話、訓話、説話を最後の数分だけするようになりました。

自分の人生についての姿勢を定めておかない限り、組織の目標を個人の目標とすり合わせて生きていくビジネスパーソンの人生は辛くなります。すり合わせ方を考えることもやめ、流されていくのは惜しい。「無難にしておこう、やめておこう」とあきらめてしまったら、自分のミッションは果たせず、誰かに「サービス（貢献）」をすることもできません。

さらに今は先が見えない時代です。

「ＡＩによって仕事がなくなる」という話もありますし、人口は減り続け、企業が倒産するどころか日本経済自体が壊滅的な状況になっても不思議はありません。不治の病も解明されていない病もたくさんあります。今後、新型コロナウイルスのワクチンは開発されるかもしれませんが、すべての感染症が消滅する保証はありません。そして、先行きが見える人は誰もいません。

すでにモノで満たされている世の中で生まれ育ち、物質的な欲求はない人たちこそ、先が見えない時代に「本質的な答え」を探していると思えてなりません。私自身も、探し続けてきましたし、今も探しているのです。

多くの人々が「本質的な答え」を探しているのですから、それはニーズであり、マーケットインです。

築地本願寺とご縁をつくったことで、見つかっていない「本質的な答え」が見つけられたとしたら？　それが築地本願寺のマーケットインに結びついたとしたら？

二つが結びつき、新しい価値を提供できたら素晴らしいことです。これは漠然とした私の願望なのですが、もしかしたら大組織で権力ポジションを狙うよりも、金儲けをたくらむよりも、大きな野望かもしれません。

「寺院もカンパニーであり、稼がなければ潰れてしまうなんて、俗っぽくて欲深い」と言われてきましたが、かように大きな野望を抱いているのなら、私は本当に欲が深いのだと思います。

現世では惑いがあって当たり前

築地本願寺の大改革はまだ始まったばかりで、これからも難問が山積みです。

「運動や食事など、体に投資しないとガタがくる年齢になった」と日々実感する私は、この原稿を書いている最中に誕生日を迎え、66歳になりました。それでもまだ惑うこともあり、僧侶になったといっても悟りなどほど遠い状況です。

しかし、それでいいと思っています。

なぜなら浄土真宗の教えの根幹は、「生きているうちに悟りを開くことなどできない」というもの。これが親鸞聖人のいさぎよい「あきらめ」で、だからこそ亡くなった後に阿弥陀如来にすくいとってもらえるという教えなのです。

「生きているうちに正しい行いをした人だけが救われる」という宗教が大多数の中、この仏教解釈をした親鸞聖人は「異色の僧侶」でしょう。

「正しさとは何か？　正義とは何か？」

グローバルな世界で価値観が多様化した今は、その答えが見つけにくい時代です。だからこそ、親鸞聖人の教えはいっそう心に響くものに思えます。

築地本願寺は、先の見えない時代に惑い続ける「これからの新しい顧客」に、新たな価値を提供できると信じています。それこそが、私が築地本願寺で働く理由です。

生きているうちに悟れそうにない「異色の僧侶」は、惑いながらも大胆に改革を続けていくつもりです。

おわりに

「自らの成長を促す問い」

今日でも私は「何によって人に憶えられたいか」と自らに問い続ける。
これは自らの成長を促す問いである。
なぜならば、自らを異なる人物、そうなりうる人物として見るように仕向けてくれるからである。

ピーター・ドラッカー『非営利組織の経営』

このドラッカーの「問い」はいつも自分に矢を向けてくれます。

２０１５年７月に築地本願寺の宗務長となり、５年が過ぎ６年目を迎えています。人生１００年時代を迎えて、銀行員、コンサルタントに次いで３つ目の仕事である宗教者（宗教法人代表役員）の仕事に就きました。明治以降、築地本願寺の歴代の宗務長（以前は輪番、加番などと呼ばれていました）の中では、最長の就任期間が過ぎました。40代の銀行員の頃から、将来は、大学教育界か、宗教界で何らかの仕事をしたいと漠然と思っていたことを思い出しました。

現実の寺院の世界は、まったくの異文化の世界でなんといってもリテラシーの違いもあって内部でのコミュニケーションがなかなか大変です。しかし、私もだんだんとお経、法話や僧侶らしい言葉使いにも慣れてきて、自然に宗教界の言葉を使えるようになってきました。そのため、私を支えてくれている周囲の人々とも、きわめて良好なコミュニケーションをとることができるようになってきました。

世界を取り巻く環境は、大自然の災害、政治経済状況の悪化、国際政治情勢の緊迫化など大きく変わってきています。こうした環境変化に適応するためには、個人も組織も生き残りをかけてさまざまな変革を思い描き、実行を繰り返していかねばなりません。あるべき姿を論じることは大切ですが、過去からの伝統を墨守することだけではなく、机上の空論で時を浪費することなく、しっかりと現実の実態や環境変化を直視することが緊要な時代になりました。

たとえステークホルダーの反応が不明で、実現化の可能性や成功の確度が低くとも、変革後の成功の可能性にかけて覚悟を決めて実行を繰り返していくしかない、待ったなしの激変の時代だと思います。

あれこれ言うだけでなく、施策を実行してみれば、成功や時には失敗の要因がわかり、さらなる変革のための方策が見えてきます。とにかく覚悟を決めて実行することしか、こうした時代に対応してサバイバルできる方法はありません。

浄土真宗の教えを広めるための伝道布教活動を行うのが僧侶の勤めである、という志を共有する同志として、目指す方向が同じであれば多くの同僚や僧侶たちと一緒に改革の道を歩めるものだと心から信じています。微力ながら、そうした改革の波を大きくしていくことが私の使命かと考えています。

あと3年で親鸞聖人ご誕生８５０年・立教開宗８００年の教団をあげての記念すべき年となりますので、それまでには当初描いた新しい築地本願寺の基本計画を完成させたいと考えています。

この5年間、多くの方々にお世話になりました。方向を指し示し温かい目で見守ってくださった現ご門主である大谷光淳様。前ご門主である大谷光真様。宗派のトップであり直属の上司でもある石上智康総長。築地本願寺の職員の方々。京都の宗派総局本山内局をはじめとした宗務所本山職員の方々。宗会議員の方々。東京教区の僧侶の方々。築地本願寺を取り巻く門信徒の方々。取引先の方々。築地のまちの奉賛会や各町内会や、中央区の各種コミュニティの皆さん。数え切れないさまざまな人々にお寺を支えていただき、お世話になりました。この場を借りて心からお礼を申し上げます。

また、第1章で取り上げたさまざまな環境変化に関するデータは、井出悦郎氏が代表を務める、一般社団法人お寺の未来の提供する資料を使わせていただきました。井出氏からは、築地本願寺の変革プロセスを後押しする、あたたかく、確信に満ちた多くのご助言をいただきました。心より厚く御礼を申し上げます。

この本を執筆するにあたっては、東洋経済新報社の藤安美奈子さん、そして編集協力者の青木由美子さんに特別にお世話になりました。藤安さんとは、ビジョン研究会という勉強会を通じての友人でしたが、今回、本書の企画をご提案いただき、気持ちよくこの本を執筆することができました。ありがとうございました。

最後に、いつも自分勝手な私を支えてくれる妻丘子と、娘、息子にこの本を捧げたいと思います。

２０２０年９月

安永　雄彦

【著者紹介】
安永雄彦（やすなが　ゆうひこ）
築地本願寺代表役員・宗務長
1954年生まれ。東京都出身。開成高校、慶應義塾大学経済学部卒業。ケンブリッジ大学大学院博士課程修了（経営学専攻）。三和銀行（現三菱UFJ銀行）に21年間勤務。大手鉄道会社において新規事業の企画開発に従事する一方、ITを活用した消費者金融会社の設立、開業を財務・人事管理部門のヘッドとして担当。外資系大手エグゼクティブ・サーチ会社（ラッセル・レイノルズ）を経て独立、島本パートナーズの代表取締役社長として経営幹部人材のサーチ・コンサルティング業務に従事、企業経営者や大手企業幹部向けのエグゼクティブ・コーチング活動を展開。2015年7月、築地本願寺代表役員・宗務長に就任。僧侶組織のトップとして法務に従事するとともに、寺院の運営管理や首都圏での個人を対象にした新しいかたちの伝道布教活動を企画推進中。

築地本願寺の経営学
ビジネスマン僧侶にまなぶ常識を超えるマーケティング

2020年11月19日　第1刷発行
2023年 8 月23日　第3刷発行

著　者――安永雄彦
発行者――田北浩章
発行所――東洋経済新報社
〒103-8345　東京都中央区日本橋本石町 1-2-1
電話＝東洋経済コールセンター　03(6386)1040
https://toyokeizai.net/

カバーデザイン……………竹内雄二
本文デザイン・ＤＴＰ……森の印刷屋
印刷・製本…………………広済堂ネクスト
編集協力……………………青木由美子
編集担当……………………藤安美奈子

ISBN 978-4-492-50322-5